AF464165

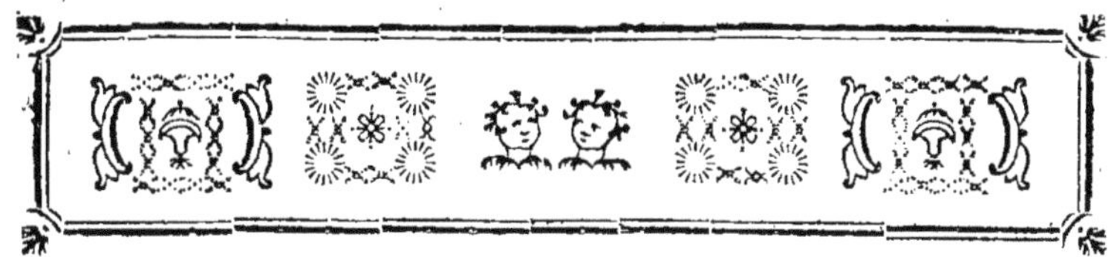

DIALOGUE I.

MILORD LYTTELTON, MONSEIGNEUR FABRETTI, Prélat Romain, & MONSIEUR REMI, Marchand de Tableaux.

MONSIEUR REMI.

PUisque vous voulez connoître nos Artiſtes, je vais vous les préſenter tous.

MILORD. Seulement les Principaux.

M. REMI. Principaux & autres : dans la foule vous ferez vous-même votre choix, autrement je pourrois oublier celui qui vous plaira le plus.

Mgr. FABRETTI. Allons d'abord chez Mr. le premier Peintre.

M. REMI. Nous lui ferons à part une viſite ; car nous pourrions bien ne pas le rencontrer où j'ai l'honneur de vous conduire. D'ailleurs des viſites à chacun, ce ſeroit un peu long. Ne vaut-il pas mieux vous les montrer tous à la fois ?

M. FABRETTI. J'entends, il y a ſans doute quelque ſéance de votre Academie, une aſſemblée publique.

MILORD. Nous ſerions plus curieux de connoître

A

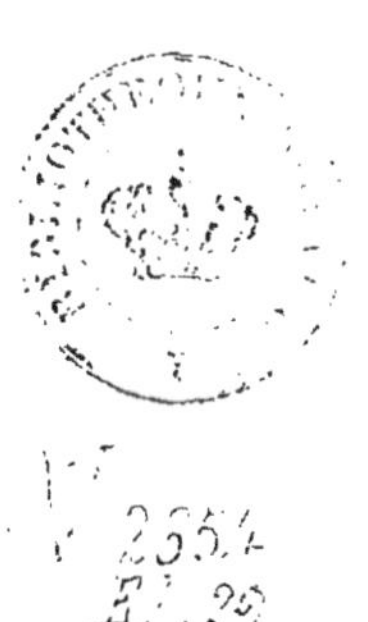

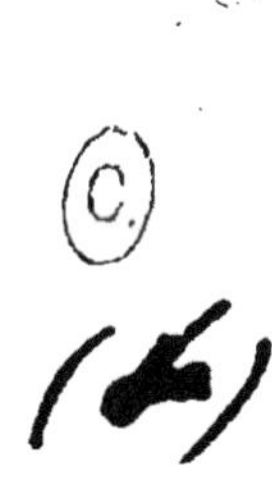

leurs ouvrages que leurs figures, & quand ils nous feront connus comme grands hommes, alors on peut défirer de les voir.

M. REMI. Un moment, je vous prie, ce ne font pas non plus des vifages que je veux vous montrer; une minute encore... pour le coup nous y fommes, & voici ce que nous appellons le Sallon.

MILORD. Le myftere eft expliqué

M. REMI. Voilà, Meffieurs, notre Académie, & nos Artiftes que j'ai l'honneur de vous préfenter; la connoiffance eft ici plus aifée à faire; fans l'ennui des vifites & des complimens, vous connoîtrez tous les talens. Je vous écouterai, pour apprendre ce qu'il faut en penfer, & j'y mettrai du mien, le nom des Auteurs & leurs adreffes.

M. FABRETTI. On n'a pas à fe plaindre de la ftérilité de votre école; fi tout répond à fa fécondité, on peut commencer par louer.

MILORD. Ne vous preffez pas: mais! voyons.

M. REMI. L'année a été favorable: nos plus habiles Artiftes ont été employés pour l'École Militaire & Trianon. Cela a fourni du facré & du profane.

M. FABRETTI. Commençons par le férieux, nous finirons par l'agréable.

M. REMI. l'Hiftoire de St. Louis a été propofée à l'émulation de nos Peintres: mais voilà un grouppe auprès de ce tableau. Il s'y dit fûrement de bonnes chofes, & je vous confeille d'approcher un moment.

» Vraiment oui, il y a du pas mal dans ce tableau, » & du R.... eft bien parmi nos jeunes gens un de » ceux qui promet le plus, & dont je fuis le plus content. » Il voit dans fes ouvrages vingt chofes qui n'y font pas:

» mais j'en vois bien deux qui y ſont : c'eſt l'agencement
» & des caractères ; excepté ſon St. Louis qui ne vaut
» pas mieux que celui de nos confreres. Il y a quelque
» mouvement dans ſa compoſition ; mais il faudroit cette
» ſimplicité analogue à l'acte d'humilité qui s'opére. Voilà
» un amphithéâtre bâti pour faire piramide ; mais un
» grand Roi proſterné aux pieds des pauvres, à l'exemple
» de J. C. aux pieds de ſes Apôtres eut fait une ſcêne
» plus vraie & plus pathetique. Çà vient de ce qu'il voit
» mieux les caracteres qu'il ne ſent les expreſſions. Cette
» manie de lier ſes lumieres lui a fait tout entaſſer. On
» étouffe dans ce tableau, on étouffe : il n'y a pas le
» moindre air. C'eſt de la foule & il falloit des grouppes.
» (*a*) Pour la couleur, je ne vous en dis rien, ce garçon
» là ſe perd. Il ne veut pas m'en croire : je lui crie tous
» les jours qu'un coloris tout ſimplement mauvais vaudroit
» cent fois mieux que ſon pénible rafinement. Avec-çà,
» il ſe fait écraſer par tout. On n'a eu des yeux à Ver-
» ſailles que pour le petit Bri... Voyez à quel point
» cela va ! J'ai bien dit au Roi la différence. Mais comme
» Dura.... enterre toujours tout ce qu'il a de bon, il
» ne travaille que pour nous & il faut parler au public.
» Je ſuis de bonne foi, moi : il ne ſuffit pas d'être ha-
» bile homme pour les Artiſtes. »

MILORD. C'eſt très-bien jugé & préciſément tout ce qu'il faut en dire.

M. REMI. J'avois raiſon de vous faire approcher, & je connois mon homme.

M. FABRETTI, Quel eſt donc ce Monſieur qui s'explique ſi familierement ſur ſes confreres.

(*a*) La couleur de ce tableau a plus d'éclat que de verité, plus d'égalité que d'harmonie. Les effets en ſont plus amenés par les combinaiſons, que par les vuës de la nature. Le fond du tableau eſt indécis, & le pinceau eſt tout à la fois dur & péſant.

M. REMI. C'eſt Monſieur Do... il ne ménage perſonne. C'eſt le commerce des grands & la ſociété du Roi qui lui donne ce ton; & dans toutes ſes converſations il y a toujours quelque choſe que le Roi & lui ſe ſont dite.

MILORD. Voyons s'il exécute auſſi bien qu'il juge. Il y a sûrement ici quelque morçeau de ſa façon.

M. REMI. Même le plus volumineux. Il devoit d'abord donner une bataille de St. Louis: mais le ſujet changea & a reſté fort tard, on craignoit, avec raiſon, qu'il ne fut pas prêt, & pour le remplacer Monſieur l'Epi.... s'étoit adroitement fait charger d'une copie d'après Jouvenet: mais Do... a fait preuve de facilité. Il n'a preſque pas mis de tems. ....

MILORD. Le tems, Monſieur, ne fait rien à l'affaire.

M. FABRETTI. C'eſt un mérite de plus ſi le tableau eſt bon; s'il eſt mauvais ce n'eſt pas une excuſe.

M. REMI. Dans ce cas-ci ce ſera un mérite. Le voilà, c'eſt la communion de St. Louis.

MILORD. Dites plutôt celle de S. Jérôme: elle eſt faite ſur les mêmes maſſes. Il ne faut pas être de l'art pour s'en appercevoir. Le Roi eſt à genoux & à la même place: ſon fils & les figures acceſſoires rempliſſent les eſpaces de celles qui ſont derriere le St. Jérôme. Le Prêtre eſt littéralement le même. L'Acolite agenouillé ſur le devant, n'a de variété, qu'en ce que l'un tient un flambeau & l'autre un livre. La maſſe même du lion eſt occupée par la femme qui pleure.

M. REMI. Il n'eſt pas plus plagiaire que le Dominiquin lui-même; car l'idée eſt d'Auguſtin Carache, & ſe voit aux Chartreux de Bologne.

MILORD. L'invention n'eſt donc rien dans la Peinture ? c'eſt un mérite au Pouſſin d'avoir reſſuſcité le trait perdu de Timante dans ſa mort de Germanicus ; ce n'en eſt pas un de l'avoir imité dans cette femme qui pleure. Encore pardonne-t-on la répétition d'une épiſode ; mais celle d'une compoſition entiere n'eſt pas ſoutenable.

M. FABRETTI. D'ailleurs dans ce tableau ce n'eſt pas l'invention qui a immortaliſé le Dominiquin, c'eſt le ſublime de ſon exécution.

M. REMI. Je trouve alors que c'eſt un coup de génie de défier le Dominiquin ſur le même plan : puiſque le Pouſſin, ſans s'arrêter à l'invention, jugeoit ſa communion le premier chef-d'œuvre de Rome, il eut donné à celle-ci le même rang à Paris. Qu'en diroit-on, Monſeigneur, ſi elles étoient à côté l'une de l'autre ?

M. FABRETTI. Tout le monde courroit peut-être au François dans le premier moment.

MILORD. Ah ! que dites-vous là ?

M. FABRETTI.. Je dis tout le monde ; mais un moment : car il a tout ce qui peut ſéduire au premier coup d'œil. Quoique le Dominiquin ſoit au but des grandes parties, & que celui ci ne ſoit qu'en chemin, on voit un certain goût, une adreſſe, un cliquetis qu'on ne trouve pas dans le notre & c'eſt ce qui ſaute aux yeux. Il faut ſentir pour l'un, il ne faut que voir pour l'autre. Il eſt ſur la voie des caracteres & des expreſſions ſans en avoir. Il a un goût de deſſein ſans correction. Ce jeune homme derriere eſt charmant. Cette femme voilée eſt placée à merveille, on la ſuppoſe plus belle qu'il ne l'eût ſûrement faite. Le moindre bout de draperie eſt ajuſté avec grace. Enfin ſur rien, il n'eſt aucun de nos grands maîtres, mais il en a un ſentiment ; & puis, cet ajuſtement, cette dextérité, ce tour de main qui leur manque ſouvent.

M. REMI. On ſe les rappelle dans tous ſes ouvrages. (b) Et il connoît à merveille le Guide, le Dominiquin, le Guerchin & Rubens, &c. &c. &c.

M. FABRETTI. C'eſt qu'il peint de goût & de réminiſcence, & quoiqu'éloigné d'eux, il les indique cependant.

M. REMI. Je le regarderois comme le Cortonne françois.

MILORD. Doucement, Monſieur Remi, ne confondons point les métaux. Le plafond Barberin eſt peut-être la plus belle machine d'Italie. Pietro pour la compoſition eſt un homme : ſes idées ſont à lui. Mais votre Do . . . n'eſt qu'un vague imitateur. Il eſt vrai, quoique j'aye toujours regardé l'Italien comme incomparable pour l'ajuſtement, celui-ci en approche on ne peut pas plus.

M. FABRETTI. J'ajouterai, Milord, quoique le Cortonne ait plus de caractere, celui-ci a encore l'air d'avoir plus d'expreſſion & de grand.

MILORD. C'eſt aſſurément n'avoir pas le préjugé national, & M. Do . . . n'a pas à ſe plaindre ; mais bien le public : & je trouve qu'il faudroit s'élever avec chaleur contre les Artiſtes de cette eſpece qui ſont la perte des Écoles. Avec l'air d'avoir toutes les parties, ils n'en ont

(b) Il a toujours eu du foible pour le Dominiquin. Dans ſon morçeau d'agrément le tribunal & le coin du ſoldat repouſſant le peuple, ſont pris de deux tableaux de ce grand maître. Il eſt vrai que le grouppe de virginie, & de ſon pere menaçant le Tribun eſt de lui. Mais c'eſt la partie honteuſe : dans ſon morceau de reception, le bon endroit eſt de Pietre de Cortonne. Une Bacchanale expoſée ici il y a quelques années eſt toute de Rubens. Dans ſa Ste. Génevieve il y a encore du Rubens, auquel il a ajouté du Dominiquin & du Bourdon. Sa chapelle des Invalides eſt à tout le monde, parce qu'elle eſt grande, & qu'il s'aide toujours des grands maîtres en proportion de l'étendue de la beſogne.

aucunes. J'aime mieux des défauts palpables que des ombres de talents.

Boileau. *Rien n'eſt beau que le vrai, le vrai ſeul eſt aimable.*

L'apparence eſt dangéreuſe, ſi la raiſon n'eſt en deſſous. Vous voyez qu'avec de l'agencement, du goût & de la main, on balance des chefs-d'œuvres. Si de loin c'eſt mieux que le Dominiquin, de près ce n'eſt pas même ſon éléve. Rien n'eſt ſenti, rien n'eſt rendu. Les têtes des Princes ont plus de charge que de caractere, & le Saint & le Prêtre plus de grimace que d'expreſſion.

M. REMI. Ce qui fait le plus illuſion, ce ſont ces tons brillans qu'il prit heureuſement dans ſon voyage de Flandres. Il y laiſſa ſa couleur griſe, & à ſon retour il parut un Rubens.

M. FABRETTI. Pour la couleur! il n'eſt pas ſeulement dans la voie. Je peux être ſuſpect, car l'exagération ne me paroît pas le ton de la nature.

MILORD. Ce n'eſt pas par ceci qu'il faut juger de Rubens. Pour lui reſſembler il faut être plus léger & moins faux, avoir plus de ſolidité dans les maſſes d'ombre & de clair, & plus d'exactitude dans la perſpective aërienne.

M. FABRETTI. Pour terminer; la nature a beaucoup fait pour lui, il eſt fâcheux qu'il n'ait rien fait pour elle.

MILORD. A parler franchement, il falloit l'enfermer pluſieurs années avec des modéles & des boſſes pour toute compagnie; il fut ſorti de-là avec un acquit, qui joint à ce qu'il a, en auroit fait un homme. Maintenant paſſons à autre choſe.

M. REMI. Voilà, Monſieur, l'Ep....

M. FABRETTI. Ah, ah! c'eſt la copie dont vous nous avez parlé.

MILORD. C'eſt une mauvaiſe copie d'un plus mauvais original. Ce ne peut être d'après Jouvenet; ou bien il l'a rudement traveſti.

M. REMI. Non, Meſſieurs, c'eſt un original. M. l'Ep... a bien été chargé d'une copie, mais il a eu auſſi pour ſon compte un trait de cette hiſtoire.

M. FABRETTI. Monſieur l'Ep... de l'hiſtoire, de l'hiſtoire!

Magna petis Phaëton, & quæ non viribus iſtis
Munera conveniunt, nec tam puerilibus annis.
Ovid. l. 11 metam.

mais ceux-ci ſont du moins des copies.

M. REMI. Mais pas du tout; des originaux s'il en fut jamais.

M. FABRETTI. Je crois bien qu'ils ſeront toute leur vie originaux ſans copie, & perſonne aſſurément ne ſera tenté d'en faire faire.

M. REMI. En voici pluſieurs autres dont vous ne parlez pas.

M. FABRETTI. Et dont il ne faut parler.

MILORD. Il faut du moins inſiſter ſur ce déteſtable qui nous a manqué le plus ſublime ſujet. Un Roi ſous un chêne exerçant la fonction primitive & capitale de la Royauté, délivrant un opprimé, & réprimant un oppreſſeur: quelle ſcêne & quelle action! le téméraire qui ſans talents entreprend de les rendre, & l'aveugle qui les lui confie, m'irritent également; n'importe à qui on donne (c) une proceſſion, un mariage, une rencontre d'indiffé-

(c) Ce ſont les ſujets de pluſieurs des tableaux de l'École militaire.

rents, une lettre à recevoir; mais l'acte le plus touchant de justice & de sensibilité, une leçon donnée aux Rois: morbleu çà mérite punition.

M. REMI. On s'est effectivement un peu trompé. Mais c'est une bonne leçon pour la premiere fois. Je suis fâché que tous ces tableaux de l'École Militaire ne soient pas ici; il en manque encore un.

MILORD. Je n'en vois que trop: que n'en manque-t-il davantage.

M. REMI. C'est celui de Monsieur Res.

MILORD. J'ai vu de ses ouvrages, & il n'y a rien à regretter.

M. REMI. Mais c'est le fils, Milord, du fameux Monsieur Res.

MILORD. Quelle liaison y a-t-il là-dedans? Parceque le pere est Peintre, il faut que le fils le soit. Je croyois que ce louable usage étoit ici borné aux emplois & aux charges; n'importe qui les remplit; mais pour les arts, le génie seul devroit donner la vocation. André del-Sarto étoit fils d'un tailleur, le Dominiquin d'un cordonnier, & le caravage d'un maçon. Que ne quitte-t-on le pinceau pour l'alêne & la truelle, & au lieu d'être mauvais peintre, on seroit peut-être excellent maçon ou cordonnier.

M. REMI. Je vous supplie au moins, Messieurs, au nom du public, de distinguer M. Brenet.

M. FABRETTI. En effet, ce ton gris vigoureux étoit d'une exécution difficile; il y a de l'intelligence dans les effets, dans la perspective; la couleur des étoffes est d'un choix judicieux; les masses sont solides, bien établies, & le faire est résolu.

MILORD. Voilà ce qui l'a fait distinguer; & point à ce que j'imagine l'esprit dans les pensées, ni la noblesse des expressions,

M. REMI. Eſt-ce là le revers de la médaille? Il me ſemble qu'on ne l'a point vu de ce mauvais côté.

MILORD. Sûrement on a du voir que cette compoſition eſt triviale, qu'il n'y a ni magnificence, ni majeſté dans cette ſcêne, les caracteres communs quelquefois bas, l'attitude du Roy eſt équivoque & gauche, les draperies meſquines & chiffonnées, & ſi l'on l'a tant vanté, c'eſt un peu la faute de ſes voiſins.

M. FABRETTI. Mais je ne vois rien dans tout cela de M. le Premier Peintre. M. Remi avoit raiſon en nous menaçant de ne pas le rencontrer. Il me ſemble cependant que ce concours pour l'École Militaire étoit bien le cas de ſe mettre à la tête de ſes confreres, & de conſtater ſon titre par la ſupériorité de ſon pinceau.

M. REMI. Eh, Meſſieurs, eſt-ce qu'il en a le tems? Quand il ne faudroit pas toute la ſemaine donner des audiences, elle ne ſeroit pas deja trop longue pour ſe préparer à aller à ce lever. En vérité le public eſt injuſte. Peut-on ſonner les cloches & faire la proceſſion?

M. FABRETTI. Quel eſt donc ce lever ſi appliquant?

M. REMI. C'eſt le lever du Roy : le Dimanche aller à Verſailles comme tout le monde.

MILORD. La Fontaine. *Se croire un perſonnage eſt fort commun en France.*

La premiere affaire d'un Peintre eſt de faire des tableaux. M. Vanloo peignoit fort bien le Dimanche, ſans que le Roy s'en ſoit apperçu, & ſon lever ne s'en faiſoit pas moins qu'à l'ordinaire.

M. REMI. Vous devez les rencontrer.

MILORD. Eh non, on ne l'apperçoit pas. Je ne l'ai rencontré qu'à St. Roch & au Palais Royal, & je n'ai pas été tenté de ſuivre la connoiſſance.

M. REMI. J'en ſuis étonné, car ſes ouvrages ſemblent réunir toutes les parties. Deſſein, coloris, caracteres, expreſſions, tout y eſt également......

MILORD. Abſent. C'eſt le juger à merveille, & vous êtes de mon avis. Rien ne domine dans ſes tableaux, parce que tout y manque également. L'impuiſſance d'être éminent dans toutes les parties, fait que le genie ſe porte vers une principale. On rend les paſſions, on deſſine, ou on colorie, & ſi on eſt médiocre dans un point, on domine dans un autre; mais, chez M. P..... vous n'avez rien, rien à citer. Car je ne compte pas un peu de large dans l'exécution, un peu de pitoreſque dans quelqu'unes de ſes compoſitions, rien au total n'eſt capital, ni marqué. Doy.. dont nous parlions tout-à-l'heure eſt remarquable par le bon goût, la grace, & dans ce qu'il n'a pas encore, fait-il ſentir le bon genre. Son tort eſt de s'arrêter dans la route, mais P.... eſt hors du chemin à battre la campagne.

M. FABRETTI. Je n'ai vu de lui qu'un St. François à St. Sulpice, qui cependant m'a paru fort bien.

MILORD. Il y a des choſes où le ſubalterne peut plus aiſement ſe rapprocher du grand homme. Un Saint à genoux, de profil, dans une attitude froide, une robe à large plis, quelques livres déchirés, un bout de payſage: c'eſt une ſcêne tranquille où le grand homme peut quelquefois s'endormir en la traitant; & M. P. dans ſes momens d'enthouſiaſme & de fougue, ne peut tout au plus imiter Homere que dans ſon ſomeil. Car ce ſujet étoit ſuſceptible de grandeur & de ſentiment; & un St. François en mèditation du Guide ou du Carrache, eſt bien un autre Capucin.

M. REMI. Si ſes tableaux vous paroiſſent foibles, en revanche ſes principes ſont bien excellens, & ſans parler des Bo.... Jou... Res.... & autres grands hommes ſortis de ſon école, il y en a deux ſur tout, entre qui il a comme divisé l'empire de la peinture; du Ra... & l'aimable Tar....

MILORD. Pour du Ra... on sçait il y a longtems qu'on peut devenir quelque chose malgré ses maitres; mais pour l'aimable Tar... il est effectivement éléve de Monsieur Pi.. ,

M. FABRETTI. Messieurs il me vient une réflexion sur cette vie de St. Louis de différentes mains. C'est comme un poëme épique de différens auteurs. L'œil une fois monté à un ton de couleurs, seroit bien-aise de ne pas le perdre, & pour cette harmonie il ne faudroit qu'un pinceau.

MILORD. S'il n'y avoit ici que cette dissonance on n'auroit pas à se plaindre. Feriez-vous quelque cas de l'harmonie que MM. l'Ép... Ha... Beau... auroient pû y répandre? D'ailleurs à l'École Militaire, ces tableaux ne sont pas rapprochés comme dans une galerie qu'on embrasse d'un coup d'œil.

M. REMI. Cette diversité occupant plus d'artistes, leur fournit aussi une occasion de se faire connoître.

MILORD. En voilà bon nombre qui sont actuellement bien connus.

M. FABRETTI. Une observation à vous faire encore, c'est sur la disposition des tableaux dans vos églises; ils coupent l'architecture qui doit être toujours dégagée: çà m'a fort choqué à Notre-Dame. En Italie les statues sont dans des niches, & les tableaux contre les murs, cette méthode vaut mieux. Et entre deux défauts je préférerois encore notre église de Sainte Bibianne, où la Peinture tient dans la Frise la place de la Sculpture.

M. REMI. Cet inconvenient n'existe point à l'École Militaire. L'Architecture n'en souffre pas Les tableaux ſont tout naturellemnt ſur le mur entre les colomnes. Ils feront à merveille, lorſqu'après le ſallon ils y feront tous portés.

MILORD. Comment, eſt-ce qu'ils feront rous le voyage?

M. REMI. Aſſurément.

M. FABRETTI. Ce ſallon n'eſt donc que de forme? Je croyois que c'étoit un tribunal où le public décidoit définitivement du ſort .....

M. REMI. Il décide de la gloire; à la bonne heure. Mais pour la toile elle eſt aulnée & coupée, il faut la prendre. D'ailleurs vous nous jugez bien rigoureuſement. Oubliez vos chef-d'œuvres d'Italie qui vous rendent ſi difficile. Tous ces tableaux ont plus ou moins de partiſans. On a ſes patrons & ſes amis qu'on va prier de venir ici.

M. FABRETTI. Et les amis arrivés vantent l'artiſte, touchent la main, embraſſent. Vous deſſinez comme Raphaël, excepté que vous coloriez mieux, ou bien vous coloriez comme le Titien, mais j'aime mieux votre deſſein. Le plus maltraité eſt toujours sûr d'être un Guide ou un Albane.

MILORD. Nous voyons çà d'ici. On prône on s'extaſie. Chacun a ſon grouppe & ſon parti. Mais il y a toujours quelqu'un qui par derriere rit des groſſes & menues bêtiſes qui pleuvent de toutes parts.

M. FABRETTI. Les patrons & les amis ne pouſſeront pas la courtoiſie au-delà du ſallon. Ils n'iront pas cabaler à l'École Militaire; & ces pauvres tableaux y ſeront abandonnés ſans connoiſſances, ſans ſociété, ſans d'autre ſoutien qu'eux mêmes.

MILORD. C'eſt alors que s'approchera un corps d'indifférents, d'étrangers, de voyageurs qui appercevront peut-être Do . . . parce que c'est de la fusée, de l'artifice; mais à moins qu'ils ne soient fort exercés à voir des tableaux, ils auront bien de la peine à en déterrer deux ou trois autres. (*d*)

M. FABRETTI. En voilà bien assez sur Saint Louis. Quel est cet autre Saint de grande taille?

M. REMI. C'est un St. Pierre de M. Ro...

M. FABRETTI. Cette figure principale est du mouvement le plus vrai & le plus noble. Il y a de l'expression & du sentiment. Ces effets annoncent une bonne observation de la nature.

MILORD. Le malade est d'une bonne couleur: le caractere en est grand & les détails bien peints.

M. REMI. Ne trouvez vous pas les tons de couleur trop égaux, & en général le coloris trop forcé?

MILORD. Non, c'est ce qu'il y a de mieux, & dont ce sallon est loin comme d'ici à Venise.

M. REMI. Je suis bien aise, Milord, de vous voir louer quelque chose sans restriction.

MILORD. Je ne suis pas si difficile que vous croyez, Mr. Remi, & pourvu que je trouve quelque chose de capital, je fais grace au reste. Ce tableau en est la preuve.

M. REMI. Il a donc aussi ses défauts?

MILORD. Oh! très-assurement. Cette composition est à la glace. C'est une leçon méthodique de Professeur. On y voit une marche collégiale, une pyramide, des contrastes affectés; & il n'y regne pas cette aisance, ce

(*d*) Quoique l'exécution de tous ne soit pas la même, la composition a l'air d'être sortie du même cerveau: excepté M. Do... ou plûtôt Augustin Carrache. Car l'aimable Tar. & l'impétueux l'Ep. ne sont gueres pis que les autres.

naturel d'un Artiste, plus occupé de la scéne qu'il doit rendre que des systêmes académiques.

M. REMI. Puisque vous vous contentez de quelque chose de capital, on peut hardiment vous montrer ces deux pendants de M. la G....

MILORD. C'est effectivement un peu hardi.

M. FABRETTI. Il a quitté son ton gris foible.

MILORD. Il pouvoit le garder, tout cela est fort égal.

M. REMI. Messieurs, vous vous trompez, ce n'est pas celui de St. Louis. C'est ici M. la G.... le jeune. Est-ce que vous n'auriez pas même un mot à en dire ?

M. FABRETTI. Un mot, à la bonne heure, pour vous faire plaisir. Ce grouppe d'anges rebelles est assez bien composé. En sa faveur on peut faire grace au St. Michel.

MILORD. Encore n'est-il pas de lui ; & je vous le ferai voir quand vous voudrez dans une estampe d'Ant. Rivalz. M. la G... est dans l'âge où l'on crée, & ce n'est que dans la vieillesse qu'on peut chercher des ressourses dans le genie des morts.

M. FABRETTI. Je m'intéresse fort à ces deux pauvres diables précipités par ce prétendu St. Michel à jambes engorgées....

MILOR. Sans noblesse & sans divinité. Où est cet ange de Raphaël qui semble mouvoir l'enfer & les cieux par le seul air que sa lance agite !

M. FABRETTI. Il est tems d'interrompre, & il commence à ne faire plus clair.

M. REMI. On a besoin de jour pour jouir de toutes les beautés de ces tableaux.

MILORD. Au plus grand ſoleil, il eſt encore très-difficile de les appercevoir.

M. FABRETTI. Notre courſe à la campagne nous ſépare pour quelques jours ; mais nous vous ajournons, Monſieur Remi, à la ſemaine prochaine.

DIALOGUE II.

MONSIEUR REMI.

MESSIEURS, nous avons vu la derniere fois la Bible & le Sacré, voulez-vous maintenant paſſer au prophane ? Voilà un tableau deſtiné pour Trianon.

M. FABRETTI. Il mérite que l'on s'arrête. J'y trouve une préciſion de formes, une certitude de trait, qui décéle bien l'étude de l'antique & de la nature. Vous qui aimez notre Italie, Milord, il doit vous la rappeller.

MILORD. Il feroit à déſirer qu'il la rappellât également pour la chaleur de la compoſition, & la grandeur des caractéres. Mais il regne un froid dans cette maniere qui n'y laiſſe voir ni expreſſion ni mouvement.

M. FABRETTI. Je conviens qu'avec moins de mérite, on pourroit faire des tableaux plus piquans. Mais convenez auſſi que puiſque les grandes parties de la peinture ont chacune le droit de rendre un homme célebre, la connoiſſance des formes, l'aſſurance de trait ſont ici pouſſés à un point qui doit diſtinguer cet article. M. Remi quel eſt ſon nom ?

M. REMI. C'eſt Monſieur Vi... valant beaucoup ; mais né pour valoir mieux : car les défauts que vous lui reprochez ſont acquis.

M.

M. FABRETTI. Non, ils viennent tout naturellement d'une imagination froide. C'eſt un homme raiſonnable qui fait la ſtatue de Promethée, mais qui ne l'anime pas.

M. REMI. Autrefois il l'eut animé, & en revenant de Rome, il avoit un pinceau ferme & réſolu ; la maniere chaude des Linfranc. Mais ce Comte de Caylus le gâta, il ne voyoit que ſon antique par tout, & il en a fait ce que vous voyez. Nos Académiciens le regrettent comme un homme perdu.

M. FABRETTI. Je ne lui connois cependant d'autre mérite que ſes torts vis-à-vis d'eux.

MILORD. Ce que vous dites de mon ancien ami, le Comte de Caylus m'eſt une nouvelle preuve de ſon goût. On ne pouvoit mieux déviner le talent d'un Artiſte né froid, mais avec de bons yeux pour les formes. Le fracas, le mouvement, une maniere chaude n'alloient point au calme de ſon ame. Il n'a jamais d'enthouſiaſme ni de fiévre. En le tournant à la correction des formes, à la pureté du trait, qui demande une ame attentive & tranquile, le Comte de Caylus a tiré de ſon génie tout le parti poſſible.

M. REMI. Je ſuis bien étonné de tout le bien que vous en dites, n'ayant pas apperçu ſon tableau de l'École Militaire.

MILORD. Je l'ai fait à deſſein, quand on ne verra dans un de ſes ouvrages que l'envie de l'avoir galoppé promptement, & point le talent qu'il eſt en état d'y mettre. Quand il ſe confondra avec la populace, c'eſt un très-grand égard que de faire ſemblant de ne pas l'appercevoir. (*e*)

(*e*) Le caractère de la Reine devoit être noble, quoique mere fort jeune, elle ne devoit pas non plus avoir l'air de la ſœur de ſon

M. REMI. Je ne ſçai pas pourquoi les autres tableaux de Trianon ne ſont pas ici ; je ſerois bien aiſe de vous les voir comparer.

M. FABRETTI. Nous les avons vu ſur les lieux.

M. REMI. Puiſque vous les connoiſſez, ne trouvez-vous pas qu'il manque à celui-ci ce qu'il y a de trop dans Doy . . . ſa pêche eſt de l'eau bouillante ; ſes néréides ſont enflammées.

MILORD. L'idée en eſt jolie ; mais c'eſt toujours cette exécution de la communion, & j'aimerois mieux l'eſquiſſe que le tableau.

M. REMI. Comment trouvez-vous la moiſſon de Monſieur la H . . ?

M. FABRETTI. On n'y voit ni la blonde Cerès, ni les feux du midi.

M. REMI. M. Pi . . . (*f*) s'étoit chargé du quatrieme; mais ſes innombrables affaires l'ont obligé de le céder à Monſieur Ka . . .

MILORD. C'eſt très-honnête à lui d'avoir des affaires, & le public doit lui en ſçavoir gré.

M. REMI. Il a pourtant trouvé l'art de ſe faire regretter, & ſon ſuppléant voulant rendre la vendange, a

fils. Le gouvernail que St. Louis lui préſente, reſſemble à un écran : un Sceptre eut été moins énigmatique, & les allégories doivent être claires. Il y a des Spectateurs dans les tribunes : c'eſt une reſſource quand il y a foule, mais inutile quand la ſcêne eſt dégarnie. Tout y eſt au plus ſimple. Une viſite familiere du matin, & le Légat, & la Reine & ſon fils rappellent à merveille Mre. Bobinet qui mene M. le Comte chez Madame la Comteſſe d'Eſcarbagnas.

(*f*) M. Remi ſe trompe, & M. Pierre avoit tout concilié. Il a fait le tableau, & ce n'eſt que par avis de parens & d'amis qu'il a cru devoir ſe dérober aux regards du public.

mis en ſcêne Bacchus & Ariadne ; mais ſes Dieux ont été renvoyés honteuſement. Ce n'eſt pas que le rouge ne foiſonnât par tout, & qu'il n'eut bien prodigué la lie de vin. (g)

M. FABRETTI. C'eſt qu'on y a trouvé ni le rubis du Bourgogne, ni la mouſſe du Champagne.

M. REMI. Je ne peux deviner la cauſe de cette chute, & M. P.. lui avoit bien recommandé cette liberté de pinceau, cette hardieſſe, cette franchiſe incomparable : & en vérité il faut être juſte, il y en avoit beaucoup.

M. FABRETTI. Qu'entendez-vous, je vous prie, par cette liberté, cette hardieſſe ?

M. REMI. C'eſt .... plutôt que de définir, il eſt plus court de vous montrer des modéles. L'inimitable Br. ſeroit bien notre affaire. Malheureuſement je ne vois rien de lui ici. Mais je ne penſe pas que nous avons le gracieux Jou. & l'aimable Tar..

M. FABRETTI. Eſt-ce bien-là au juſte ce que vous entendez par franchiſe, hardieſſe ?

M. REMI. Vraiment oui. Voilà les délices de notre

(g) M..Hal... devroit s'interdire déſormais les vendanges & même tous les ſujets agréables : on ne peut pas tout avoir ; & il eſt clair que ſon vrai genre, c'eſt les proceſſions. Il a fait dans celle-ci une application bien fine de l'hiſtoire. On ſçait que St. Louis eſt le fondateur des Quinze-vingt ; il a donc habilement imaginé d'en habiller un en Évêque pour conduire la marche. Le Roy même pour honorer ſon établiſſement procéde les yeux fermés. Les gens difficiles y voient un petit défaut contre le coſtume, les bâtons manquent ; & il ne doit y avoir d'aveugle ſans bâton. L'allégorie alors eut été parfaite ; mais cette petite négligence eſt infiniment reparée par le précieux de l'exécution. Il y a une tourelle ſur le château, dont la fléche eſt rendue avec tant de chaleur, que ce morçeau tout ſeul vaut le payſage & toutes les figures.

Académie. Je ne les vante pas pour le dessein. Ils conviennent eux-mêmes qu'ils ne l'ont jamais étudié, que le caractere, l'expression ne sont pas leurs parties. Mais, comme je vous l'ai oui dire, l'art est long il suffit d'exceller dans un point. En revanche voyez aussi quelle fermeté de touche, quelle fougue de pinceau, ces *laissés*, ces *lâchés*. Comme c'est peint grassement, ciel quel ragoût!

M. FABRETTI. Il faut des yeux faits à ces beautés-là, & j'avoue que je n'ai pas encore assez de pratique.

M. REMI. Vous avez vu à Lussienne encore le *nec plus ultrà*, pour *le heurté*, *le roullé*, *le bien fouetté*, *le tartouillis*. Le voilà, le voilà le vèritable *Tartouillis*.

M. FABRETTI. *Le roullé*, *le bien fouetté*, *le Tartouillis*, sont-ce des injures, Monsieur Remi, ou des éloges?

M. REMI. Comment, vous vous moquez, je crois, c'est du divin Fragr. dont je vous parle, le peinceau le plus capital selon les chefs de notre peinture. Pour celui-là rien ne lui manque. Il va paroître sous peu une dissertation de l'ami Foliot, dans laquelle il déduit fort au long que le divin Fragr. est un Michel-Ange & un Titien, les deux à lui tout seul.

M. FABRETTI. M. Fragr. n'en déplaise au dissertateur, les amis de Michel-Ange & de Titien ne seront jamais les vôtres. J'imagine que la dissertation essuiera une réponse.

MILORD. Il y a plus de trente ans que Rousseau l'a faite.

Griffon, rimailleur subalterne,
Vante Siphon le barbouilleur,
Et Siphon, Peintre de taverne,
Prône Griphon le rimailleur;
Or en cela certain railleur,
Trouve qu'ils sont tous deux fort sages;

Car ſans Griphon & ſes ouvrages,
Qui jamais eut vanté Siphon,
Et ſans Siphon & ſes ſuffrages,
Qui jamais eut prôné Griphon.

M. REMI. Il s'eſt fait cependant une réputation chez les financiers, & pour un Peintre elle en vaut bien un autre. Pour l'un, c'eſt un Raphaël, & pour l'autre un Guerchin. Tous leurs cabinets ſont ornés de ſes œuvres.

MILORD. De pareils châlans ne m'étonnent pas, & Midas le bon Midas peut bien en faire ſon premier Peintre.

M. FABRETTI. Dites-moi un peu, Monſieur Remi, dans quelle partie du monde on voit des chairs comme ces virtuoſes-là en font ?

M. REMI. On ne vous les donne pas non plus comme des choſes qu'on voit partout. C'eſt un coloris tout neuf.

M. FABRETTI. Qu'eſt-ce donc qu'un coloris tout neuf, y a-t-il des formes neuves, des proportions nouvelles ? La couleur eſt auſſi préciſe dans la nature que la forme ; & vous, Monſieur Remi, comment pouvez-vous admirer & acheter de pareilles beſognes ?

M. REMI. Oh, Monſeigneur, admirer à la bonne heure, mais acheter c'eſt autre choſe. Et ſi vous voulez bien vous le rappeller, vous n'avez vu chez moi aucuns de ces meſſieurs. Comme je ne commerce qu'avec les étrangers, ils ſont difficiles, ils veulent de l'Italien ou bien du vieux François; ils aiment les ſubſtances en peinture.

MILORD. J'eſpére en effet que les iſles britanniques leur feront toujours inacceſſibles. De pareils tableaux ne ſeront pas faits pour les voyages.

M. FABRETTI. Vous aimez que les Peintres ayent été visiter les tombeaux des Raphaëls & des Titiens.

M. REMI. Mais tous ces messieurs ont été à Rome.

M. FABRETTI. Je leur promêts bien malgré cela que leurs ouvrages n'iront jamais. Le Capitole ne sauroit en être décoré. Je suis même étonné de les voir ici ; & vous, M. Remi, car j'y reviens encore, vous m'étonnez bien plus : ayant chez vous de si belles choses, & nous raisonnant si bien l'autre jour sur leur vrai mérite ; vos principes ont changé promptement, & je ne puis m'expliquer votre admiration.

M. REMI. C'est cependant fort aisé. Chez moi je suis en pays libre, je peux m'ouvrir selon mes petites idées. Ici observez que je suis dans notre École ; il faut donc vous parler selon les principes qui y régnent. Le déguisement seroit mal-honnête, & il me semble plus loyal de vous apprendre que tout ce barbouillage est un nouveau systême. Pour ma foi, elle est plus pure que jamais : je suis toujours les vieilles opinions, & ne crois pas un mot des nouvelles. Mais notre Académie. . . . .

M. FABRETTI. Votre Académie, vous la faites parler.

M. REMI. Si je la faisois parler, y auroit-il seulement ombre de ces gens-là. Vous vous trompez vous même, Monseigneur, en jugeant la nouvelle école par la mienne Les Peintres anciens & les modernes font des métiers tous différents.

M. FABRETTI. Est-ce qu'il n'y a pas la même marche qu'autrefois, est-ce qu'il faut aujourd'hui moins de qualité dans un jeune Artiste que n'en demande Dufrenoy ? Pour sçavoir ce que doit être un Peintre, on n'a qu'à lire la vie de nos grands hommes : ils étudioient les proportions dans l'antique, l'anatomie sur les cadavres, la vie & le mouvement de la nature. Les mathématiques, la mithologie, l'hiſtoire, les antiquités; tout étoit ramené à l'art par des études longues & laborieuſes. Léonard de Vinée, le Dominiquin étudioient les hommes & les paſſions dans les rues & les places publiques. Raphaël fouilloit les ruines de Rome, & envoyoit conſulter celles de la Gréce. Quelles recherches le Pouſſin ne fit-il pas ſur le coſtume. (*b*)

M. REMI. Il faudroit des années, ſi l'on vous en croyoit. Les méthodes ſont plus perfectionnées, & notre Académie aime les peintres faciles.

M. FABRETTI. C'eſt-à-dire qu'il eſt plus facile d'être Peintre qu'autrefois.

M. REMI. Aſſurément, on ſe contente d'un peu de tout.

MILORD. Je les croyois encore plus accommodans.

M. REMI. On ne veut pas qu'il y ait beaucoup de quelque choſe; mais plutôt qu'il n'y manque de rien. Le deſſein y eſt par approximation, la couleur abſolument idéale, & ſi on a ſurtout une certaine dextérité à manier une broſſe, une grande agilité à rouler un pinceau, on eſt auſſitôt Peintre que Docteur à Bourges.

(*b*) L'aimable Tar... vient de laiſſer le Pouſſin bien derriere lui : à force de fouiller, il a trouvé que les coeffures du tems de St. Louis étoient abſolument comme les nôtres, & tout le monde dans ſon tableau eſt coëffé à la grecque. On a imprimé dans le catalogue que cette femme à genoux & à cheveux noirs flottants, étoit la Reine Blanche : mais la vraie anecdote, le but hiſtorique eſt de prouver que les figurantes dans les Ballets de furie à l'Opera étoient de ce tems-là comme du nôtre. Le Cardinal qui rit à ſes côtés & paroît lui conter fleurette, eſt aujourd'hui, dit-on en Italie, une faute contre le coſtume. Mais cette diſſonance eſt magnifiquement ſauvée par la pourpre dont il a revêtu cette Éminence, quoiqu'elle n'ait été en uſage que bien des années après.

M. FABRETTI. Je connois qu'avec cette méthode on eſt tout d'un coup ce qu'on ſera toute ſa vie. La maniere longue & pénible d'étudier & d'apprendre tous les jours, eſt bien moins ſéduiſante que l'art de tout ſçavoir en quelques mois.

M. REMI. Qu'appellez-vous quelques mois ? Le bénéfice de cette méthode eſt bien plus conſidérable que vous ne l'imaginez ; en trois heures.

MILORD. Vous vous étiez, Monſieur, trompé bien lourdement.

M. REMI. En 1755, on imprima à Paris chez les libraires aſſociés un livre intitulé, l'art de devenir Peintre en trois heures, & d'exécuter au pinceau les ouvrages des grands maîtres ſans avoir appris le deſſein. Cette recette eut, comme vous l'imaginez un ſuccès prodigieux, & cette ſeule année valut à notre Académie plus de ſujets que tout le ſiécle n'en avoit fourni : les Frago. les Caſa. les Ha les Tar. & une foule d'autres.

MILORD. Ce livre a été pour eux, ce que votre Richelet eſt pour vos poëtes.

M. FABRETTI. Quel eſt l'heureux mortel qui inventa ce ſecret ?

M. REMI. C'eſt le fertile monſieur Pi...

M. FABRETTI. Quoique ce ſoit un coup de génie, il eſt reſté à mi-chemin : j'en ſuis fâché pour lui ; Son ſyſtême eſt écouté, & il falloit y joindre la précieuſe méthode des rouleaux. (*i*)

(*i*) Les rouleaux étoient de petites bandes de papier, que les anciens peintres faiſoient ſortir de la bouche de leurs figures, & ſur leſquelles ils écrivoient le ſentiment qu'elles devoient éprouver. C'étoit la méthode des plus habiles, car les médiocres, pour être plus clairs, écrivoient comme le peintre de Don-quichotte, *Ceci eſt un coq.*

M. REMI. On ne peut tout faire en un jour, cela viendra.

M. FABRETTI. Depuis le tems, çà devroit être venu & le public en souffre en attendant. Par exemple, quel est ce sujet-là ?

M. REMI. C'est Saint Louis mourant de la peste, & à côté une Princesse qui s'évanouit par le pathétique Bea....

M. FABRETTI. Il vous plaît de déviner cela, car le tableau n'en dit pas un mot. (*k*) Il lui étoit aussi facile de rendre la chose claire comme le jour, en faisant sortir de la bouche du Roi & de la Princesse deux petits rouleaux, dont l'un eut dit : *Je meurs de la peste*, & l'autre *je m'évanoüis*. De même que M. l'E. par un simple rouleau, portant, *je juge & je me fâche*, eut tiré tout le monde d'embarras.

M. REMI. Ces rouleaux n'ont été en usage que chez les anciens Peintres, ils furent bannis comme vous sçavez, quand Raphaël parut, & Monsieur Pi.. ne voudroit peut-être pas les ressusciter.

MILORD. Comment, est-ce qu'il voudroit parler le langage de Raphaël sans l'avoir jamais appris ? Il ne sauroit y avoir entr'eux une langue commune ; allons, qu'il laisse-là Raphaël, & nous donne des rouleaux.

(*k*) Il est vrai qu'on est furieusement perplexe en voyant ce tableau. Le rouleau est indispensable pour le Roy, mais pour la Reine, n'en déplaise au Prélat romain, je ne le trouve nécessaire que pour constater la qualité : parce que réellement la tournure des deux femmes les feroit prendre pour deux marmottes, qu'on a fait monter pour rejouir le malade ; car pour l'évanouissement, quoique au premier coup d'œil on ne sçache pas si c'est une attitude d'aisance, un air penché ; cependant en regardant de près, on voit à merveille qu'il y a dans l'une de l'indisposition, parce que l'autre a l'air de lui tirailler les cheveux & de la cogner sur le dos, ce qui, comme on sçait, est la méthode de secourir les évanouis.

M. FABRETTI. Il faut abſolument qu'ils nous complette ſon ſyſtême dans une nouvelle édition; j'irai le lui dire.

M. REMI. Je ne ſçais trop s'il avoue publiquement cet ouvrage, car dans le tems il n'en convenoit qu'avec ſes amis, par modeſtie, & ne vouloit pas en recevoir les complimens. Mais perſonne ne doute qu'il n'en ſoit le véritable auteur, parce qu'il eſt le plus chaud à prôner dans l'Académie les ſectateurs du maniement de la broſſe & du roulis du pinceau. Témoin le gracieux Jol. qu'il a fait recevoir en dernier lieu, ſans ſcrutin & par acclamation, & réellement eſt un des plus hardis frotteurs que nous ayons.

M. FABRETTI. C'eſt une plaiſanterie que vous nous faites-là.

M. REMI. Cela peut en avoir l'air, mais ce n'en eſt pas une, je vous jure.

M. FABRETTI. En ce cas,

Deſpreaux. *Le vrai peut quelquefois n'être pas vraiſemblable.* Mais la Police ſi vantée à Paris auroit dû arrêter . . . .

M. REMI. Oh! on leur laiſſe leur franc-barbouillé: il faut de la liberté.

MILORD. De la liberté! elle s'eſt donc refugiée dans l'attelier des Peintres.

M. FABRETTI. Mais le public, comment s'accommode-t-il de tout cela?

M. REMI. Vous ſçavez qu'il y a pluſieurs ſortes de public, celui que vous compoſez, ſiffle; un autre eſt indifférent; un troiſieme applaudit par mauvais goût, ou ſur parole: car les gens du métier ont toujours pour le moment quelque crédit. On croit que c'eſt à eux à parler, on eſt timide, & on les ſuit contre ſa propre opinion.

MILORD. C'eſt une obſervation bien juſte de l'Abbé Dubos : la profeſſion de l'art, dit-il, en impoſe, on écoute les artiſtes comme les Juges naturels, chacun retient même ce qu'il peut des termes de l'art pour paroître ſcavant, & monſieur Pi. viendroit, monſeigneur, aſſurer dans un cercle que l'Ep. Tar. & Jo. ſont d'excellens Peintre, qu'il n'en ſeroit pas plus cru que vous.

M. REMI. Il eſt en général naturel de penſer que les gens de l'art s'y connoiſſent mieux que les autres.

M. FABRETTI. C'eſt en quoi on ſe trompe. Quand même on les ſuppoſeroit de bonne foi, ſans paſſion & ſans jalouſie, ils ſont toujours prévenus ſur la partie qu'ils ont le plus, & la regardent comme la ſeule eſſentielle. Ce goût excluſif enfante les partis & les ſyſtêmes. Les Peintres Napolitains copians la nature ſans choix, avoient une fierté de touche, & une vérité de couleur qu'ils regardoient comme le ſeul mérite. Ils ne concevoient pas la réputation du Dominiquin, qui, par l'étude de l'antique, ſcrupuleux dans le choix des formes, & par une obſervation profonde, parvenu à peindre l'ame, préféroit une imitation préciſe de la belle nature, à la facilité du pinceau, & alors la liberté des Eſpagnolet (*l*) étoit mépriſable pour un Artiſte à choix & à expreſſions.

M. REMI. C'eſt donc au public ſeul à juger.

M. FABRETTI. A lui tout ſeul excluſivement. Sa ſenſibilité eſt plus grande, ſon goût moins uſé, & il ſent aulieu de diſcuter. Selon l'excellent homme que Milord vient de citer ; il faut ſçavoir l'Aſtronomie, & la Phyſique pour juger des livres qui en traitent ; mais il ne faut que ſentir pour juger les tableaux & les poëmes. L'ignorant

(*l*) Le Dominiquin éprouva à Naples une grande perſécution de la part des peintres napolitains ; & l'eſpagnolet, qui étoit le plus moderé, ſe contentoit de dire qu'il ne meritoit pas même le nom de peintre.

rend raiſon de ſon jugement, par cela ſeul que la tragédie ne l'a point fait pleurer, la comédie rire & qu'un tableau ne lui a rien fait ſentir. C'eſt aux ouvrages à ſe défendre eux-mêmes contre de pareils critiques.

M. REMI. Au moins faut-il dire le *pourquoi*, & le public peut-il diſſerter comme un Artiſte?

M. FABRETTI. C'eſt cette impuiſſance qui fait ſa ſupériorité: l'un voit pourquoi une choſe manque, l'artre ſent qu'elle manque, & cela ſuffit. Le ſentiment eſt la régle invariable. C'eſt la ſervante de Moliere. Mais la ſcience, les diſſertations, l'analyſe, les grands mots de l'art, le public n'en veut rien entendre, & pourquoi, c'eſt qu'il n'a rien ſenti. Son jugement eſt donc plus ſain, parce qu'il n'a ni goût d'adoption, ni demi-connoiſſances.

MILORD. J'ajouterai, Monſeigneur, que ſa jouiſſance eſt plus entiere, parce qu'il jouit de toutes les parties, & que chaque Artiſte ne goûte que la ſcience.

M. REMI. Il faudroit donc mettre de côté les diſſertations de monſieur Foliot, & les jugemens de M. Pi.

M. FABRETTI. Ah! c'eſt un peu trop dire.... il eſt vrai cependant que Deſpreaux & Racine qui diſſertoient, & jugeoient à peu de choſe près auſſi ſûrement, trouvoient quelquefois que le public avoit mieux jugé qu'eux.

M. REMI. Ce public ſi vanté ſe trouve auſſi très-ſouvent en défaut.

M. FABRETTI. Très-rarement. Il ne faut pas le prendre dans un moment de ſéduction, il faut lui donner du tems, l'illuſion n'eſt que paſſagere. Malgré les cabales des Vouet, le Pouſſin eſt votre Raphaël; malgré l'Hotel de Rambouillet & les épigrammes de Mde. Deshoulieres, Pradon n'eut qu'un triomphe éphémere, & c'eſt la Phedre de Racine qui préſerve la ſienne de l'oubli.

MILORD. On prend ſouvent une ſociété, une cabale, pour le public. Il a devers lui des traits honorables d'une généreuſe réſiſtance dans les momens les plus critiques. Lorſque la vénale Académie voulut favoriſer l'ambition de Richelieu juſques ſur le théâtre.

Envain contre le Cid un Miniſtre ſe ligue,
Tout Paris pour Chimene a les yeux de Rodrigue;
L'Académie en corps a beau le cenſurer,
Le Public révolté s'obſtine à l'admirer. Boileau.

M. REMI. A propos de Tragédie, nous avons un exemple qui eſt bien le correctif de celui-là. On en donna une il y a quelques années, qui mit toute la France en convulſion; & on n'oſe pas plus aujourd'hui la remettre ſur le théâtre, que la Phedre de Pradon.

MILORD. Je vois ce que vous voulez dire. Mais ce moment de folie eſt honorable pour votre nation. Le public ſe trouva tout neuf pour un pareil ſpectacle. Il n'y eut pas même de public dans ce moment. Toute la France fut le théâtre, & tous les François ſe trouverent en ſcêne. Dans l'enthouſiaſme nationnal d'un ſujet domeſtique, il ne reſta pas un Juge, mais chacun redevenu enſuite froid ſpectateur, on ne vit plus que la piéce, & le mérite du ſujet fut bientôt diſtingué de celui de l'auteur.

M. FABRETTI. C'eſt un cas à part. Quand on donne au public un intérêt perſonel, il rentre pour le moment dans la claſſe d'un particulier à préjugés & à paſſion.

M. REMI. Le public vient de nous mener bien loin, mais pour ſortir du théâtre & revenir au ſallon avec lui, dites-moi je vous prie l'intérêt qu'il peut avoir à la réputation de ces Meſſieurs. Cependant on les vante dans le monde, & je ne voudrois pas x répéter ce que vous avez dit ici si franchement sur leur oompte.

M. FABRETTI. L'on n'y met aucun intérêt; & distinguez bien entre le public qui répéte & le public qui voit. C'est le dernier qui prononce au parterre & au sallon, l'autre ne juge que sur parole. On entend dire que les Bri. Frago. Caza. ont rempli quelques cabinets de leurs précieux ouvrages, on le répéte sans en avoir rien vu. Quelques amateurs, des amis, des connoissances, sont les seuls à les voir, à les vanter, de bonne foi ou pour faire leur cour au maître du logis, & jamais le public, qui n'est point admis dans le sallon des Turcarets que ces messieurs décorent.

MILORD. Leurs tableaux sont comme les lectures de société qui enthousiasment tous les auditeurs. Ainsi la Pucelle de Chapelain fut pendant vingt ans une chose sublime. pour être à sa juste place, il faut paroître sur la scêne. Que les auteurs se fassent imprimer, que les Peintres peignent des coupoles à St. Roch, qu'ils se montrent au sallon; & vous verrez alors ces messieurs, qui dans leurs cercles sont toujours les premiers hommes du siécle, une fois en raze campagne, le public sera prompt à leur siffier le contraire. (m)

M. REMI. Je commence à concevoir ponrquoi, plusieurs s'obstinent à ne rien exposer ici. Frago.... est un des plus prudents, il ne s'est point hazardé au sallon depuis son agrément. Je vois bien leurs raisons; ils aiment

(m) L'aimable Tar... qui jouissoit si paisiblement de sa facile gloire dans le fond de quelque hôtel, ayant imprudemment risqué au sallon deux esquisses de ses plafonds, vient d'être publiquement justicié. Dieu fasse paix au pauvre trépassé.

(n) Ce tableau si peu édifiant est une éducation de la Ste. Vierge, qui est bien la plus insigne croute, qui se soit torchée depuis la décadence des arts & de l'empire romain.

mieux rester retranchés dans quelques cabinets que de s'avanturer dans la place publique.

M. FABRETTI. revenons sérieusement au sallon. il nous reste bien des choses à voir dans le genre agréable.

M. REMI. On en a encore diminué le nombre, & précisément ce qu'il y avoit de mieux: des le Pr. & des la Gr. charmans.

MILORD. Comment donc ?

M. REMI. On y a trouvé de l'indécence. Nos Messieurs ont une pudeur facile à allarmer.

MILORD. Je ne sçaurois blâmer ce sacrifice fait aux mœurs publiques.

M. REMI. Mais il n'y avoit pas grand'chose, & on a vingt fois exposé pis.

MILORD. vingt fois on a eu tort.

M. REMI. Les fichus & les mantelets sont bons pour les couvents.

MILORD. Ce qui est bon là, devroit l'être par tout.

M. REMI. Avec tous ces scrupules le genre agréable va se perdre. Nos Peintres ne sçauront qu'exposer. La Sorbonne devroit bien leur indiquer, les parties qu'on peut en conscience découvrir au public. Vous pourriez, monseigneur nous envoyer de Rome un tarif l'à-dessus.

M. FABRETTI. A Dieu ne plaise que je veuille autoriser la licence; mais avec des bornes nous voyons du nud dans nos églises en Peinture & en Sculpture.

MILORD. Ce n'est pas la nudité, c'est l'indécence qu'on proscrit.

M. REMI. Tout sans restriction. Les graces de M.

de Vaulòo, exposées il y a quelques années, furent l'époque de cette sévérité.

M. FABRETTI. Speusippe plaça le tableau des graces dans son ècole, parce que les graces, disoit-il, doivent présider aux assemblées les plus sérieuses & aux études les plus sublimes; & le maître de Platon invitoit l'austere Zénocrate à sacrifier aux graces. Les anciens nous les ont représentés sous la forme de jeunes filles pleines de pudeur, quoique sans robe & sans voile. *Gratiæ decentes.* L'indécence est dans l'air & dans l'attitude & point dans la forme.

M. REMI. Il nous faudroit une régle fixe.

M. FABRETTI. Je crois que la voici. Que l'action soit chaste, & les nudités seront toujours innocentes. Par exemple dans le genre le plus prophane la Danaé du Corrége n'est pas plus voilée que la Léda & l'Yo. La premiere est décente, & les autres ne le sont pas, parce-qu'elles expriment des sentimens.

M. REMI. Je conçois actuellement. Ainsi les graces de Monsieur Vanloo, celles de Rubens sont très décentes, mais Venus & Mars couchés ensemble de M. Lah. ne le sont pas, fussent-ils drappés jusqu'aux oreilles. En tout cas, Messieurs, consolez-vous des absens avec ce qui reste. Voilà de quoi vous dédommager amplement, un sérail de M. Van.

MILORD. Ce sérail est assurément bien chrétien, & on ne peut pas mieux inspirer le dégoût des plaisirs & de la beauté, c'est un tableau à conseiller aux jeunes gens. Si les divines Houris de Mahomet ne sont pas autre chose, son paradis ne doit pas faire tort au nôtre: après ce tableau-ci, on peut aller de plein pied à des sujets de dévotion.

M. REMI. Je vais donc profiter de l'occasion: en voici un à côté de Monsieur Mat.

M.

MILORD. Ah! monsieur Remi, c'est par trop fort, & il faut aussi avoir bien envie de s'édifier de tout. (o)

M. REMI. En voilà un autre qui sera sûrement plus heureux. C'est un Christ de monsieur Ro.

M. FABRETTI. Ah! à propos de Christ, je ne manquerai pas cette occasion de lâcher une bordée contre de pareils tableaux, car je ne sçai où M. Ro. a pris qu'il falloit donner à un Christ la nature nerveuse d'un ouvrier, ou d'un gladiateur.

MILORD. C'est une parodie de Michel-Ange, ou de Daniel de Volterre.

M. FABRETTI. Je voudrois bien qu'on laissât-là le décharné du Christ de Saint Pierre, ou le robuste ignoble de ceux de la Minerve & de la Trinità de Monti. Il faudroit raisonner son sujet, & tous les Peintres y ont échoués, parce qu'ils se sont mépris sur sa nature. Jesus-Christ ne menoit qu'une vie active, sans travail forcé ni exercice violent : pourquoi donc faire parade d'anatomie, & prononcer les muscles à outrance. Ne vaudroit-il pas mieux chercher dans l'Apollon, ou l'Anti-noüs une nature grande & majestueuse. Sans viser aux graces & à l'élégance, on pourroit au moins en tirer la noblesse des formes. Lebrun a souvent senti cette idée, & le Guide l'a senti une fois, & si vous vous rappellez son Christ de St. Lorenzo in lucina, c'est le plus beau à mon avis que nous ayons en Italie.

(o) Ce ne sont pas ces amateurs qui suivant la nature & le sentiment sont les meilleurs juges, mais bien ces raisonneurs qui décident & assignent les rangs, parce qu'ils se sont siflés par quelque brocanteur, qu'ils vont même le matin chez des Artistes, & achetent des tableaux & des livres, parce qu'il est bon d'acheter de tout ce qui se vend. Si par hazard ils joignent à ce riche fonds un voyage d'Italie, dont ils rapportent quelque nom de tableau & d'opera & force bévues sur la peinture & le mélodrame, je ne néglige jamais alors l'occasion de les faire discourir, car ils sont particulierement curieux à entendre.

M. REMI. Ce ſujet eſt au-deſſus des Peintres, & on s'attend à des choſes plus qu'humaines.

M. FABRETTI. Auſſi voudrois-je que comme Alexandre ne permit qu'à Appelles & à Liſippe de le rendre, un Chriſt fut l'objet de l'émulation des plus grands Artiſtes. Le plus grand prix ſeroit deſtiné au vainqueur; cette importance & cet appareil ferait faire ce qu'on n'a pas encore vu.

M. REMI. Je vois que nos croix de miſſion, & nos peintures d'égliſes de village vous ont un peu ſcandaliſé. La recherche ſur cela eſt plus néceſſaire dans les villes que dans les campagnes où l'on eſt plus aiſé à édifier, & un payſan peut être auſſi touché à la vue d'un Res. ou d'un Bri. qu'à celle d'un Raphaël.

M. FABRETTI. Ne croyez pas cela; le ridicule peut n'être pas apperçu, mais le ſublime le ſeroit: c'eſt-là que la grandeur & la nobleſſe en impoſe le plus. Il faut d'ailleurs que l'accord entre l'eſprit & les ſens ſoit ici pour tout le monde; & je ne veux pas que la bonne femme ſe proſterne pieuſement devant une figure ridicule, pendant que le Marguiller & ſon Seigneur y trouve matiere à rire. Pourquoi rendre mépriſable ce que d'habiles Artiſtes feroient admirer, & donner la peine de ſe faire en eſprit une idée noble & majeſtueuſe de ce qui ſe préſente aux yeux ſous une forme groteſque. Dans vos plus grandes villes même, je vois des figures chinoiſes, & ſouvent indécentes. C'eſt pervertir les choſes les plus utiles. L'Hiſtoire & les Saints Peres ſont pleins de bons effets de ces leçons parlantes de la vertu; mais en voulant édifier, il faut éviter d'être ridicule, & je ſerois très-volontiers iconoclaſte dans beaucoup de vos égliſes.

MILORD. C'eſt parler à la fois en chrétien éclairé & en homme de goût. Nous avons chez nous dépouillé les temples, & nos fondateurs pour nous y amener commencerent à vous rendre ridicules. C'eſt le gotique & les caricatures qu'il faut abattre, les belles choſes ſont utiles. L'érudition ſacrée eſt bien entre vos mains. Pour moi, je ne vous rappellerai que la prophane antiquité, qui regardoit avec raiſon les Artiſtes comme les plus utiles précepteurs du genre humain.

M. FABRETTI. Pour que les lieux publics fuſſent décorés d'une maniere digne d'eux, je voudrois qu'il fallut le ſceau de l'autorité.

MILORD. Il faudroit commencer par les purger ſans nulle miſéricorde. Ce ne ſont pas les hérétiques qu'on armeroit, mais les amateurs. Mettez-vous, Monſeigneur, à la tête de l'armée, Monſieur Remi & moi nous ſerons vos lieutenans.

M. FABRETTI. Je ſerai tout au plus l'apôtre de la croiſade, & vous en ſerez, Milord, le Capitaine. Après un ſi ſaint projet nous pouvons nous retirer; pour moi, l'heure d'un rendez-vous approche. Demain, à ce que j'eſpere, nous continuerons en commun nos obſervations.

MILORD. Viendrez-vous ce ſoir chez Miladi S***.

M. FABRETTI. Je ferai l'impoſſible, vu que nous trouverons-là à recruter pour notre expédition. On y a de la foi aux belles choſes. Mais en tout cas je vous charge de cette miſſion. Monſieur Remi vous ne nous manquerez pas demain à la même heure, à ce que j'eſpére.

M. REMI. Je ſerai, Monſeigneur, au rendez-vous le premier.

DIALOGUE III.

MONSIEUR REMI.

IL nous reſte à voir nos Peintres de genre, & je crois que vous en ſerez plus content que de notre hiſtoire.

MILORD. C'eſt tout ſimple, comme bien plus facile. Eſt-ce que vous avez un Ruſſe dans votre Académie?

M. REMI. Non, Milord, c'eſt notre fameux Monſieur le Pr. qui ayant voyagé en Ruſſie en a adopté le coſtume. Il eſt François, & la France en eſt trop fiere pour le céder à un autre pays.

MILORD. Croyez-vous qu'elle doive y mettre tant de vanité. Quelques robes fourrées, quelques coëffures, le petit intérêt d'un coſtume nouveau, c'eſt aſſez gentil il eſt vrai.

M. REMI. L'éloge n'eſt pas fade, je voudrois bien qu'il fut ici pour vous montrer ſes ouvrages. Vous verriez dans la compoſition, le choix heureux du ſujet, la richeſſe de l'ordonnance, la diſtribution intelligente des grouppes, les attitudes & les contraſtes.

Vous verriez dans le deſſein, la correction, le choix, la grandeur, & l'élégance des formes, le caractere & l'expreſſion; dans les drapperies l'ordre des plis, la variété & la magnificence des étoffes; dans le coloris, le clair-obſcur, la couleur locale, (*p*) *l'art*, ſurtout, *l'art de rendre le métal*, les grands les nouveaux effets & l'harmonie du tout.

(*p*) M. le Pr. parle avec complaiſance de cette partie comme d'un talent qui lui eſt particulier; & il eſt bon d'obſerver qu'il entend par le métal, les étoffes d'or & d'argent.

Vous verriez tous les genres, le ſublime & le naïf, l'héroïque & le paſtoral. Enfin le vrai de toutes les eſpéces; 1°. le vrai ſimple, 2°. le vrai idéal, 3°. le troiſieme vrai composé des deux.

MILORD. Le ſeul vrai que j'y voye, c'eſt que c'eſt gentil.

M. FABRETTI. Toutes les écoles réunies n'en fourniroient pas plus.

M. REMI. Le gentil eſt véritablement trop petit, il y a beaucoup plus que cela.

M. FABRETTI. Allons, Monſieur Remi, ne vous obſtinez pas, vous voyez que Milord ne peut faire que çà pour ſon ſervice & pour le votre, & vous n'avez pas à vous plaindre. Ces petits tableaux ſont touchés avec aſſez d'intelligence & d'adreſſe; mais il n'a ni la pâte, ni le fini des maîtres dans le genre des bambochades, ſes enſembles ſont très-ſouvent faux, toutes les parties de ſes figures annonçent un acquit ſuperficiel; vous voyez donc qu'il ne reſte que la gentilleſſe des compoſitions, des ajuſtemens, la gaité des ſujets, & au total tout çà n'eſt que du *gentil*. Le mot eſt propre.

M. REMI. Un moment, Meſſieurs, j'appelle à vous-même de votre jugement & vous n'avez pas vu toutes les piéces du procès. C'eſt ce payſage dans le coin, N°. 56.

MILORD. Comment il eſt de lui?

M. REMI. De lui-même.

M. FABRETTI. C'eſt une excellente choſe. Choix de Site, ciel frais & brillant, fineſſe de ton dans les lointains, touche des arbres, tranſparence & légéreté des eaux, couleur argentine, tout eſt intéreſſant par la fraîcheur des tons.

M. REMI. Milord ne peut ſe décider à en dire autant.

MILORD. Où demeure-t-il, que j'envoye sur le champ retenir ce tableau.

M. REMI. Pour le coup, voilà une admiration de la bonne espéce, des éloges du meilleur genre. Il est retenu, j'en suis fâché, Milord.

MILORD. Je vous prie alors d'aller demain lui en commander un, (q) en lui disant toutefois que dans celui-ci ses figures sont trop fortes pour le paysage, & que d'ailleurs ses terrasses & ses cailloux étant trop diaphanes n'annonçent pas des corps assez solides. C'est un défaut ordinaire à quelques Flamans qu'il fera bien d'éviter.

M. REMI. J'aurois mieux aimé lui dire que tout en est parfait.

MILORD. C'est une observation utile à ses progrès. Actuellement que son genre est connu, qu'il s'y livre tout entier, & nous le placerons immédiatement après les Wauwermans, & les Berghem. (r)

M. REMI. Je ne m'attendois pas à un retour si flatteur. Voilà un passage qui a dû vous déranger, Milord, & il est fâcheux de revenir sur ses pas.

M. FABRETTI. Croyez-vous que Milord censure par systême ou par habitude? Il ne parle qu'à raison de ce que les hommes & les ouvrages lui disent, & le feu d'un esprit droit se tourne en chaleur de critique ou d'intérêt à raison des objets seulement.

(q) Le Milord aura son tableau au bout de six mois, & Mr. le Pr. lui confiera, en le remettant, qu'il n'a été à le faire que trois matinées & deux heures de plus.

(r) Il faut notter que le Milord classe Mr. le Pr.. parmi les seuls Flamans, de crainte qu'on ne le compare au Salvator Rose, au Bourdon, au Poussin, qui mettoient dans leurs paysages de la poësie & même du sentiment.

MILORD. Je ne me ſuis engagé avec perſonne pour le blâmer ou le louer toujours. C'eſt des œuvres que je dépends en tout ; dans le ſallon comme dans le monde, j'ai la même franchiſe. Le premier hommage à rendre aux belles choſes, c'eſt le mépris des mauvaiſes. Que tout ce que je vois ici de médiocre ſe montre ſupérieur, & je deviens ſur le champ leur panégyriſte. Ce n'eſt pas même un effort de changer de ton quand ils en changeront. Mais ſi c'étoit à moi ſeul à revenir ſur mes pas pour reconnoître un talent méconnu & rétracter une cenſure injuſte, ce ſeroit encore une de mes grandes jouiſſances. Il n'y a que les ſots humiliés de leurs erreurs, il n'y a que les méchans & les jaloux fâchés de trouver des vertus & des talens, dans ces petits tableaux de M. le Pr. Je l'ai trouvé fort leger & je le trouve encore : vous me montrez un autre genre, & je deviens auſſitôt admirateur de ce nouveau talent. Apprenez-moi auſſi que devenu modeſte, il ſe voit tel qu'il eſt, avec une juſte confiance ſur ce qu'il a, ſans ſotte ſuffiſance ſur ce qu'il na pas, & je deviendrai avec plaiſir un de ſes ſerviteurs.

M. REMI. Je ne vous le propoſerai déſormais que pour le payſage, & puiſque dans le reſte il n'eſt que gentil, voyez je vous prie, les deux la Gr.

M. FABRETTI. Ils ſont charmans, délicieux !

M. REMI. Je ſçavois bien qu'en changeant de ſujets je vous ferois changer de ſtile. Avouez que c'eſt la perfection de l'art, que rien n'y manque.

MILORD. Il y a aſſez de beautés, pour négliger les défauts.

M. FABRETTI. Les défauts ſont d'ailleurs néceſſaires, il en faut partout abſolument. *Bellè & feſtivè nimium nolo*, Cic. de orat.

M. REMI. Je ſuis bien aiſe de vous voir faire amende

honoroble à deux Artiſtes que vous avez ſi maltraités, en en parlant & n'en parlant pas. (*ſ*)

MILORD. Prenez garde, Monſieur Remi, je pourrois bien recommencer.

M. REMI. Recommencer ?

MILORD. Aſſurément, je vois par exemple dans ces jolis petits tableaux de M. Lag. le jeune qu'il peut fort bien être médiocre ailleurs. Les ſujets ſont jolis, ils ont le caractere, l'expreſſion, (*t*) le deſſein paſſable, la couleur ſuffiſante pour leur petite taille ; mais aggrandiſſez-les, & vous verrez comme ils ſeront ſouvent fades & toujours incorrects. Je loue en petit ce que je critique en grand. Ou on eſt en droit de plus exiger & où les défauts ſont plus nuiſibles.

M. REMI. Et le frere aîné eſt-il dans la même claſſe ?

MILORD. Avec moins de caracteres & d'expreſſion il a plus d'agréments dans ſes têtes, plus de fineſſe & de pureté dans ſes formes, plus de moëlleux dans ſon pinceau. Ses petites draperies ſont placées avec grace. Voilà bien tout ce qu'il faut pour de petits tableaux dans le genre agréable. Il échoue dans le grand, où l'on exige de belles compoſitions, des effets ſolides, piquants & neufs, une maniere de drapper grande, un pinceau ferme, & des formes réſolues & reſſenties.

M. FABRETTI. Qu'il continue donc à ſoutenir ſa réputation pour les petits ouvrages & les ſujets paiſibles, ſans jamais s'élever aux Mars, aux Hercules & aux héros de Rome & de la Gréce.

(*s*) Le St. Louis de l'aîné n'a pas été apperçu, & le St. Michel du cadet ne l'a été que trop.

(*t*) Le Milord ſe radoucit prodigieuſement. Le deſſein n'eſt pas trop paſſable. Le col, les mains du St. Jean, le corps de l'Apollon, & à chaque pas des bras & des jambes d'une incorrection choquante.

M. REMI. Après le début, je ne devois pas m'attendre à une pareille fin.

MILORD. C'eſt que vous n'êtes jamais content. Vous forcez à fixer les rangs. Voilà celui de ces grands hommes qui ſont toujours tous entiers, dont le génie prodigue partout les grandes parties de l'art. Si leurs tableaux ſont petits, leur pinceau eſt toujours grand ; & dans leurs ſujets les plus ſimples, leurs ſoldats & leurs bergers valent mieux que vos Dieux & vos Héros.

M. REMI. Je n'oſe plus vous rien propoſer.

MILORD. Si, pourvu que ce ſoit ſans prétention : les choſes à leur valeur.

M. REMI. MM. Joll. Bo. Mon. Mart.

M. FABRETTI. Eſt-ce-là ce que vous produiſez avec quelque confiance ?

MILORD. Parmi les noms qu'on n'a jamais cité en bonne compagnie, retenez bien ceux-là, ainſi que d'autres dont je veux vous donner la liſte.

M. REMI. Je voudrois bien qu'il y eut ici du Caſa. . comme vous verriez votre bataille de Conſtantin tomber à plat.

M. FABRETTI. Je ſerois curieux de le voir. Où le trouve-t-on, j'en chercherai ?

MILORD. En attendant que vous en ayez trouvé comme moi qui n'en cherchois cependant pas, je peux vous en donner une idée. Imaginez un combat ſans hommes, ſans animaux, & ſans champs de bataille. Cela paroît difficile : mais dans un cahos indéchiffrable, on apperçoit quelques têtes, quelques bras & jambes, & je vous défie bien d'y découvrir un homme ou un cheval tout entier. Pour être encore précis ſur la couleur, aimez-vous le cinabre, le blanc de plomb, fortement opposé au noir de charbon, le jaune de Naples, le verd de gris en pacquêts & du plus crû ? Eh bien! on en a mis partout. Car c'est encore un des frotteurs de la compagnie P. & un du plus substantiellement nourri de la recette de 1755.

M. REMI. Ma foi, Messieurs, je ne vous parle plus de rien. Trouvez, si vous pouvez, quelque chose qui vous plaise.

MILORD. Point d'humeur, ce n'est pas votre faute, montrez-nous du Gr. c'est-là le maître.

M. FABRETTI. Je le connois, & il a réellement la plus grande vérité de caracteres & d'expressions.

M. REMI. Vous me fournissez-là une riposte à la critique de MM. Lag. Monsieur Gr. avec toutes ces qualités pourroit en histoire être un Peintre, & nous avons cependant vu son *Sevère* échouer complettement.

MILORD. Pourquoi faire des Empéreurs ? Qu'il fasse des enfans & des nourrices.

M. REMI. S'il a tant de vérités de caracteres & d'expressions, pourquoi ne feroit-il pas des Césars (*u*) & des Déesses ?

MILORD. (*x*) Le sublime d'une fable n'est pas celui d'un poëme épique. Le bon pere de famille, le retour de nourrice, la mariée, sont des scênes charmantes; mais transformez ses acteurs en Consuls & en Dames Romaines, aulieu de ce paralitique, supposez encore un Empéreur expirant, & vous verrez que la maladie d'un héros &

(*u*) Je ne sçai si ce mot *Sublime* convient à la fable, & s'il n'est pas consacré exclusivement au stile héroïque ?

(*x*) Les amis de Mr. Gr. se rappelleront ici avec chagrin certaines Nymphes, sur lesquelles il s'est aussi prodigieusement égaré que sur son Empereur.

d'un homme du peuple, comme leurs ſantés ne doivent pas être la même choſe. La majeſté des Céſars demande un caractere de grandeur qui doit ſe faire ſentir dans la forme & dans les mouvemens de l'ame & du corps.

M. FABRETTI. La nature eſt trop variée pour être apperçu par les mêmes yeux ſous toutes ſes formes. L'un ſaiſit les tableaux naifs & populaires, l'autre ne voit que les ſcênes de nobleſſe & de grandeur.

Malherbe d'un héros peut vanter les exploits,
Racan chanter Philis, les bergers & les bois.
Deſpreaux, art Poët.

M. Gr. n'a pas tous les pinceaux. Il ſuffit pour ſon genre de copier la nature telle qu'elle ſe préſente partout. Pour l'hiſtoire, il faut la copier avec choix, raſſembler ſes beautés éparſes, l'épurer, & ce talent n'eſt que le fruit d'une longue étude de l'antique & des maîtres du grand genre.

MILORD. Pourquoi n'y a-t-il rien ici de lui?

M. REMI. Vous en ſçavez la raiſon, c'eſt ſon *Sevère*.

MILORD. Cette raiſon eſt bonne pour n'y voir déſormais plus d'Empéreurs; mais ſes autres jolis ſujets. . . .

M. REMI. Il a pris fait & cauſe pour ſon Septime contre le public. Il a cru ſon honneur intéreſſé à être Peintre d'hiſtoire, comme le genre le plus eſtimable.

MILORD. Il l'eſt effectivement davantage à mérite égal d'ailleurs; mais lorſqu'on met autant d'expreſſions que Monſieur Gr. en met dans le ſien, & qu'on finit comme lui, il faut être un habile peintre d'hiſtoire pour le ſurpaſſer & même l'égaler.

M. REMI. La chute déplorable de ſon ſeptime Sevère

lui fut bien nuiſible, vu que chez lui il avoit eu le plus grand ſuccès. Il eſt vrai qu'il a une maniere bien ſéduiſante de montrer ſes ouvrages.

M. FABRETTI. Il ne devoit pas alors l'en faire ſortir ; mais quelle eſt donc cette méthode ?

M. REMI. Il vient vous prendre ſur le pailler, vous mene par les deux mains toujours juſqu'au vrai jour, & puis demi tour à droite & tombés.

M. FABRETTI. Monſieur le Pr. n'y fait œuvre. Cette évolution-là eſt toute neuve.

M. REMI. Ceci eſt de l'action comme vous voyez, aulieu que l'autre ne fait que des raiſonnemens.

M. FABRETTI. Son amour propre eſt un peu plus fondé.

MILORD. Il n'en eſt que pis. Car j'aime mieux tout franchement un bon gros ridicule qui me fait rire, que la fatuité la plus adroite qui me fait toujours hauſſer les épaules.

M. FABRETTI. Le ridicule eſt ici plus pardonnable par ſa franchiſe, & le grand talent d'ailleurs auquel il eſt joint.

M. REMI. Vous le trouvez donc ſupérieur dans le genre bas ?

M. FABRETTI. Le genre bas ! ce n'eſt pas-là ſa claſſe, c'eſt le genre de la nature, & de la ſenſibilité domeſtique. Il faut bien ſe garder de le confondre avec la place Maubert & vos Flamans ſans caracteres & ſans paſſions. C'eſt le ſein d'une famille où on entre pour ſe répoſer des grandeurs du monde, & jouir délicieuſement d'une ſcêne touchante.

MILORD. Chemin faiſant, M. Remi, une petite

obſervation. Vous nous avez furieuſement exagéré les torts de l'Académie. A propos des tableaux rejettés pour l'intérêt des mœurs, s'eſt-elle contentée de les proſcrire, il falloit encore punir cette impudence cinique, car partout ce que je vois ici d'indécence, ce devroit être des Bacchanales & des Priappes.

M. REMI. Beaucoup moins que tout ceci; allez les voir chez M. le Pr. Lagr. Ro . . . je crois ſeulement qu'ils étoient plus grands, on les a chaſſés comme plus ſaillants. & ceux-ci ſe ſont ſauvés par leur petite taille.

MILORD. C'eſt donc la largeur de la toile qui décide de la décence, comme ſi l'imagination ne renfloit pas les formes quand on lui donne le cannevas. Vous croyez donc qu'il n'y a que les in-folio de dangéreux, & que les petites brochures ne ſont rien.

M. REMI. Il y a bien d'autres petites raiſons.

M. FABRETTI. Quelles ſont-elles?

M. REMI. Il faudroit reprendre de plus haut.

MILORD. Reprenez, nous avons le tems.

M. REMI. C'eſt que toute l'Académie a bien droit d'expoſer ici ſes ouvrages: mais ce n'eſt qu'un comité qui les juge. Or pluſieurs des cenſeurs ont auſſi leurs béſognes à produire, & ce n'eſt pas ce que vous voyez ici de moins fade, quoique très chrétien, on leur eut fermé l'entrée du ſallon. Pour trouver de la facilité il faut donc en montrer ſoi-même; par-là l'inſipide & l'indécent paſſent par la même porte. Vous m'entendez: paſſez-moi la ſaignée & je vous paſſerai le ſéné.

MILORD. Il ſe ſont furieuſement paſſé de ſaignée & de Séné, il faut l'avouer.

M. REMI. Monſieur l'Ep. s'eſt ſauvé bien ingénieuſement de la proſcription. Le gaillard eſt adroit; vous avez vu cette petite femme : il y a de l'indécence très-bien; mais il vous lui a diſloqué la cuiſſe & la jambe, & lui a donné un viſage ſi atroce qu'il l'a rendue décente & de miſe aſſurément partout. C'eſt çà ſçavoir concilier & ménager la chevre & le choux.

MILORD. Ces traits d'eſprit lui arrivent ſouvent: ils coulent de ſource.

M. REMI. Maintenant je vous demande un coup d'œil pour nos Peintres d'architecture. Voici M. Cle...

MILORD. Ces gouaches ſont d'une touche aſſez graſſes & d'un très-bon ton : mais ſes compoſitions ſont chargées; il ménage trop le ciel & on n'y reſpire pas; c'eſt d'ailleurs toujours la même maniere d'étouffer & il ne ſe varie pas.

M. REMI. Voici d'autres ruines de Monſieur Mae...

MILORD. Vous m'avouerez que ces ruines ſont toutes neuves & pas aſſez (y) détruites. Ce n'eſt pas le temps, c'eſt le peintre qui les a faites; & il n'y a pas cette vérité de Pannini qui ſembloit avoir peint d'après le modèle. Tant il eſt vrai qu'il n'y a que la nature même dans des urnes briſées & des colomnes renverſées.

M. REMI. Quoique ſes compoſitions ſoient pitoreſques & ſes effets ſolides, j'avoue qu'il lui faudroit des tons plus riches & plus piquants. Que dites-vous de ces vuës de Clagny ?

M. FABRETTI. J'aurois plus de plaiſir à le voir tel qu'il eſt. Quelle fantaiſie de le peindre en ruine?

M. REMI. Il ne reſte plus que cette manière de le peindre.

(y) Ce n'eſt pas par la forme qu'elles n'ont pas l'air aſsés détruites, c'eſt par la couleur que ſes ruines n'ont pas le ton de vetuſté.

M. FABRETTI. Eſt-ce qu'il ſeroit à bas. Le tonnerre auroit-il endommagé le chef d'œuvre de Manſard ?

M. REMI. Non, ce n'eſt pas le tonnerre, le ſimple marteau des maçons.

M. FABRETTI. Allons, Dieu ſoit béni & les maçons.

M. REMI. Si vous vouliez par hazard faire un tour à Rome & dans ſes environs, *à Freſcati* & Tivoli, M. Robe vous en fournit une belle occaſion.

M. FABRETTI. S'il y a pris ſes ſujets il n'y a pas pris ſa couleur. Le climat lui en eut donné une plus chaude. C'eſt un Peintre très-agréable, plein d'imagination & de goût.

MILORD. Il devroit ſeulement s'accoutumer à finir davantage & à rendre ſes effets plus ſolides. La légéreté de touche de Jean-Paul Pannini ne l'empêchoit pas d'être vigoureux & ſolide de maſſe.

M. FABRETTI. Voilà une priſon qu'il ne donne sûrement pas comme de lui & notre Pyraneſi la lui a fourni.

MILORD. Quel eſt donc ce tableau qui a l'air d'un Berghem, je parie qu'il eſt de Lout....

M. REMI. De lui-même Milord. Il eſt incroyable pour l'adreſſe avec laquelle il imite les Peintres Flamands & Hollandois.

M. FABRETTI. L'Architecture eſt à merveille dans ce tableau, d'une très-bonne couleur.

M. REMI. Elle eſt de Monſieur Mac....

M. FABRETTI. En ce cas Monſieur Mac.... gagne à peindre en ſociété, & ce que vous nous avez montré jusqu'ici de lui, n'est ni de ce ton ni de cette pâte.

M. FABRETTI. J'aime beaucoup ces sociétés de Peintres, ce seroit le moyen d'avoir des chef-d'œuvres, & je voudrois qu'elles fussent plus fréquentes, si ceux-ci se fussent mêlés du paysage & de l'architecture de ces tableaux de l'école Militaire, croyez-vous que ce n'eut pas mieux été.

MILORD. A merveille & alors on eut pu faire (z) comme Claude Lorrain donner bien des figures par dessus le marché.

M. REMI. Je suis bien aise que notre Lout.... vous plaise. Il a beucoup réussi en Angleterre.

MILORD. Beaucoup: mais on revient de tout, comme vous sçavez, & on a fini par trouver qu'il ne copioit pas la nature aussi bien qu'il copie les Peintres.

M. REMI. Je ne suis pas fâché de ce retour; car pour ma part j'ai toujours trouvé qu'on avoit eu tort de lui donner la préférence, & même de le comparer à Monsieur Ver....

MILORD. Sûrement. Ver.... est lui même, il est original.

M. REMI. Original & unique en France, en Italie, en Europe & dans l'univers entier.

M. FABRETTI. Je ne connois pas les autres parties du monde, mais il me semble que dans la seule Italie......

M. REMI. Il n'y a rien eu en comparaison; Manglart

(z) Claude Lorrain disoit qu'il ne vendoit que les arbres, & qu'il donnoit le reste. Ces Messieurs pourroient être encore plus magnifiques; car entr'autres le Pindareque Ha.... & l'impétueux l'Ep... sont de rudes paysagistes.

lui-

lui-même, Manglart qui a été son maître n'est qu'un écolier auprès de lui.

M. FABRETTI. Eh bien, laissons Manglart.

M. REMI. Alors il n'y a plus rien à citer.

M. FABRETTI. J'avoue qu'il n'y a pas foule, mais je me contenterai d'un seul, & vous prierai de vous rappeller les marines de Salvator Roza. (*a*) J'ose assurer & je crois que vous conviendrez alors qu'il y a plus loin de Monsieur Ver... à lui, que de Manglart à son éléve.

M. REMI. C'est pourtant l'homme incomparable; jamais notre histoire n'est si courue ni si payée; tout le monde veut en avoir.

M. FABRETTI. Ce n'est pas la faute de l'histoire, mais celle de vos historiens. Il est tout simple qu'on préfére une excellente chose à une médiocre, quoique dans le fonds il faille plus d'étude pour la médiocre que pour l'excellente.

MILORD. M. Ver... le sent si bien qu'il se tient sûrement debout, & parle chapeau bas à un Peintre d'histoire.

M. REMI. Ne le confondez pas avec le commun des mariniers, car il sçait faire l'histoire, & dit que ce n'est que par avanture qu'il se livre au genre.

MILORD. Il le dit, mais il n'en croit rien; il sent à merveille que quand on sçait faire une bouteille d'eau on feroit le déluge; qu'un paysage ne suppose pas l'étude des formes, des passions, de l'histoire, des antiquités & du costume; & qu'enfin un port de mer ne peut se comparer avec l'univers entier.

(*a*) Ceux qui aiment ce genre doivent faire le voyage de Florence tout exprès, pour y admirer au palais Pitti un soleil couchant de ce maître.

M. FABRETTI. Nul parallele donc avec Salvator Rosa, dont le génie ce me semble est un des plus à envier; car à la tête des Peintres de genre il tient un rang honorable parmi les historiens, & ses poësies le distinguent aussi parmi les poëtes. Qu'en dites-vous, Milord? me trouvez vous exagéré.

MILORD. Quand vous voudrez former une galerie pour or & pour argent ayez deux Ver... quelque prix qu'il en coûte, un calme & une tempête; si ensuite on veut vous en donner deux mille pour rien, n'en prenez pas un de plus: car je vous confierai que les cinq beaux tableaux que vous admirez ici, je les connois depuis plus de vingt ans, & je vois déja ceux qui y seront dans vingt autres années. Je ne fais aucune comparaison de lui à Loutherbourg de tableau à tableau, pour n'en avoir que deux. Mais j'aimerois mieux en avoir mille du dernier, parce qu'il a bien plus de variété.

M. FABRETTI. Dans le genre n'en ayant jamais mille, il faut deux marines, quelques paysages, quelques ruines. C'est dans l'histoire seule qu'on peut être si riche sans craindre l'ennui ni la monotonie.

MILORD. Tout dépend des goûts. On parle avec les hommes, on rêve dans les champs, cela souvent vaut mieux. Les Sauvages n'aiment que les ciels & les sites nouveaux. J'aimerois fort une galerie de paysages, mais d'après nature; les Pyrenées, l'Aetna, l'Hecla & Chimboraco. De la variété, pas toujours du même peuple & du même air. Ainsi Amsterdam, Stockolm, Kanton & Québecq; & pour remplir mes idées, je voudrois que les Artistes me missent en scêne les climats & les habitans.

M. FABRETTI. Ne vous perdez pas, Milord, dans de si longs voyages; pour aujourd'hui, il faut vous rapprocher, & vous contenter, s'il vous plaît de celui de Chaillot. Nous y sommes attendus, & il est tems je crois de se disposer à s'y rendre. M. Remi, nous vous ferons sçavoir le moment de la prochaine séance.

DIALOGUE IV.

MONSIEUR REMI.

JUSQU'ICI, Messieurs, nous nous sommes perdus dans l'antiquité, les Saints, les Rois, les Héros. Il est tems d'être de votre siécle.

M. FABRETTI. Il est vrai. Après avoir vécu avec des inconnus & des morts, voyons maintenant des gens de connoissance.

M. REMI. Je crois qu'on peut avec confiance vous présenter nos Peintres de portraits.

MILORD. Vos Peintres ne peignent encore que des inconnus & des morts.

M. REMI. Monsieur Rosl. assurément fait des vivants ou personne au monde : témoin (*b*) ce portrait de M. le Comte de Stro...

MILORD. Du métier dont il est, qu'il fasse des habits. Cette étoffe est à merveille.

M. REMI. Ces têtes se détachent très-bien. Elles sont brillantes.

MILORD. Non elles ne sont pas brillantes ; mais lisses, polies, & du même blafard. L'éxécution est dure, séche, & on y voit la pratique de l'ouvrier plus que la vie & le sentiment d'un Artiste.

M. FABRETTI. Moi je m'en tiens aux étoffes, j'abandonne le reste. Quoique Vaudik ait mis plus de goût dans les siennes, jamais il ne les a peintes avec tant de vérité : & je voudrois vous voir, Milord, ainsi rendu dans vos habits de Pair de la grande Bretagne.

MILORD. Si je me faisois peindre, passez-moi cette vanité, je demanderois mon visage plutôt que mon habit. Je voudrois sur tout mon corps dessous, & que le tout fut ensemble, un peu plus que le Comte de Stro. . . dont le corps, les cuisses & les bras ne vont point avec la tête. Je confierois volontiers mon manteau à Monsieur Ros. & ma tête au Peintre de cet Abbé que vous voyez-là près.

M. REMI. C'est Monsieur l'Abbé Bos. par Monsieur Dupl. dont voilà encore quelqu'autres portraits ; mais on les trouve froidement & gauchement composés.

MILORD. A la bonne heure, M. Remi, mais je vous parle tête, & celles-là sont bien faites.

M. REMI. Je suis bien étonné que Monsieur Ros. ne fasse pas fortune auprès de vous, car on le met à la tête de nos Peintres de portrait.

M. FABRETTI. Pourqoi dites-vous peintres de portraits ? est-ce que c'est un genre, une profession particuliere ?

MILORD. Vous le voyez bien, puisque pour être célébre, il suffit de faire un habit, & qu'il ne faut sçavoir dessiner, ni têtes, ni corps que comme pures accessoires.

M. FABRETTI. Ah ! il n'y a qu'à s'expliquer. Je me trompois en suivant de vieilles erreurs. J'imaginois que le portrait devoit être au contraire la perfection de l'art. Qu'outre les parties de l'histoire, il falloit quelque chose de plus encore, une observation fine & profonde de son modéle, vivre avec lui, saisir son ame & ses passions, l'attitude, le mouvement propre, enfin faire un choix parmi les deux cent figures que chaque personne a dans la journée.

MILORD. Ils avoient autrefois un petit Lat. qui avoit beaucoup de çà. C'étoit un des plus studieux copistes de la nature, un de ses plus fins observateurs.

M. REMI. Nous l'avons bien encore.

MILORD. Tous ne sont pas des Sophocles pour faire des chefs-d'œuvres à cent ans. J'ai mes raisons pour en parler comme d'un défunt, il vient d'estropier un de ses plus beaux morceaux, le portrait de feu M. Res. en voulant le repeindre. La Peinture n'est pas seulement une science, il faut de la justesse mais grand feu par dessous. La flamme s'éteint, la science reste, mais ne suffit pas.

M. REMI. C'est dommage, car c'étoit de son tems un des meilleurs de ce genre.

M. FABRETTI. Mais au nom de Dieu, & de bonne peinture, Monsieur Remi, supprimez à jamais ce mot *Genre*. Ne faut-il pas sçavoir tout dessiner, placer sa figure à pied ou à cheval, la composer seule ou la groupper. Nos Peintres de portraits sont les Raphaëls le Titiens, les Giorgions, & vous les confondez avec de misérables pourtraicteurs qui font des étoffes; quand on leur demande des figures. Il faut être Peintre d'histoire, autrement on n'est pas mon homme. Etes-vous moins difficile, Milord?

MILORD. Pas moins. Aussi vos Italiens ont-ils sçu donner la vie à leurs ouvrages. Nous sommes fort riches chez nous en Vandick; mais ses portraits sont des tableaux. La famille Pembroke est un magnifique morceau d'histoire. Alexandre appella-t-il pour le peindre un triste pourtraicteur? Il me semble que ce fut Appelle. Les Sculpteurs distinguent-ils les sculpteurs de bustes, de bas-reliefs, & de ſtatues ? On dit tout court ſculpteur. Il faut donc dire ici Peintre, & Peintre par excellence.

M. REMI. J'entends dire cependant aux hiſtoriens eux-mêmes qu'ils ne font pas le portrait, que ce n'eſt pas leur partie.

M. FABRETTI. Dites-leur, je vous prie, que ſi ce n'eſt pas leur genre, l'hiſtoire ne l'eſt pas davantage.

M. REMI. Je les vois tous les jours échouer, quand ils s'en mêlent.

MILORD. Oui bien des hiſtoriens de cette colomne militaire. Mais il ſuffit de voir les tableaux des Carraches & des Dominiquins, pour aſſurer qu'ils ſont reſſemblans.

M. REMI. Je crois que cela vient ſouvent de ce qu'ils ne veulent pas s'en donner la peine. Quoiqu'à vrai dire, lorſqu'il a été queſtion de peindre Madame la D.. ce n'étoit pas le cas de s'épargner, & cependant M. le Pr. Peintre s'en eſt repoſé ſur Monſieur Dup...

MILORD. C'eſt que je vous dirai qu'il ſeroit plus facile à M. Pi. de peindre une coupole grande comme la calotte des cieux. Il ſuffiroit d'allonger la broſſe vers tous les poles du monde, & de frotter dans toutes les directions. Mais pour ce portrait il eut fallu copier avec juſteſſe, avec ame la nature; & çà ſuppoſe des talens acquis & naturels.

M. REMI. Copier eſt bien froid pour une grande imagination.

M. FABRETTI. Eſt-ce que nos Peintres ne ſont pas Poëtes? Ils ont copiés la nature & ne ſont immortels que par-là. Ne nous faites donc plus du portrait, une claſſe reſſerrée. C'eſt au contraire la grande peinture dont l'hiſtoire elle-même n'eſt qu'une partie, puiſqu'elle demande, comme je vous l'ai déjà dit, quelque choſe de plus, qui eſt de s'aſtreindre à un ſujet donné, de s'enchaîner à ſon modéle, pour ſaiſir un caractere quelquefois bien léger, développer une expreſſion preſque cachée, pour embellir ſans altérer, enfin s'étendre avec des entraves. Ce qui eſt plus difficile que de trouver en liberté dans le vaſte champ de la nature

M. REMI. Nous n'en avons pas une ſi grande idée; & c'eſt au contraire en déſeſpoir de cauſe qu'on embraſſe ce genre qui n'eſt connu, à ce qu'il me paroît, actuellement, ni de ceux qui l'embraſſent, ni de ceux qui l'abandonnent.

MILORD. Il faut auſſi dire à leur décharge que ce n'eſt devenu un genre & un métier que par la faute du public. On ne ſe livre pas à un Artiſte, on veut le diriger.

M. REMI. On diroit, Milord, que vous avez vu peindre quelqu'unes de nos femmes. C'eſt une choſe plaiſante. *Mais Monſieur je ne ſuis pas pâle comme çà. Vous me faites de grands yeux bêtes, battus juſqu'au milieu du viſage.* J'ai la bouche moins grande, *le néz pas ſi gros, & le menton moins pointu, voilà une clavicule exceſſive, des os menaçants ſur la poitrine.* Enſuite viennent les avis de la galerie; & le pauvre diable de Peintre eſt obligé de tout écouter.

MILORD. Et de tout faire. Il faut alors donner de la gorge, de petites bouches, des bras ronds & potelés, du blanc à foiſon & du carmin ſur tout pour animer les yeux, car à toute force on veut les avoir vifs. C'eſt un article ſur lequel on ne peut jamais ſe relâcher; & puis les ſix boucles de chaque côté, ni plus ni moins, la toque élevée, les ſourcils noirs avec les cheveux blonds, les cheveux roux avec un tein de brune.

M. FABRETTI. Je l'imagine bien. Elles ſe voyent dans leurs portraits comme elles ſont, & veulent qu'on les rende, comme elles seroient dans leur miroir. Aussi rien n'est dans la nature avec un tein factice, une coëffure, un habillement symétrique, il est impossible d'avoir la vérité des Wandick & des Rimbrants. En France on doit trouver tout simple le costume Indien : des pendants de néz, du jaune, du verd sur la figure, & des desseins à compartimens sur les bras & la gorge.

MILORD. Ce devroit être. Cependant les femmes ne conçoivent pas qu'il y ait de pays dans le monde, où on puisse décemment paroître en compagnie sans l'épingle du milieu à la coëffure, sans les nœuds, le parfait contentement, & autres meubles de la même importance. On appelleroit çà ici, n'être pas habillée. Si j'étois Peintre je ne me prêterois pas aux fantaisies. Je sçaurois bien les réduire, & il faudroit qu'après une bonne lessive on m'abandonna son corps tout entier, pour en tirer tout le parti convenable.

M. REMI. Vous pourriez bien, Milord, être désœuvré. Il faut qu'un Peintre dans ce pays-ci soit un manœuvre. Qu'il rende les idées de son modéle, & point les siennes. J'ai connu dans ma jeunesse un nommé Grimou qui traitoit son monde dans votre genre.

MILORD. J'ai de lui une exellente tête.

M. REMI. Moi, je n'ai de lui qu'une excellente histoire. Il devoit, par parenthèse, à tout le monde, & son boulanger ne pouvant en être payé, lui propsa de le peindre, pour en tirer quelque chose. *Je le veux bien*, dit-il, *je ferai d'après vous de bonne bésogne. Vous avez ce qu'il me faut. Venez la semaine prochaine.* Notre homme s'en fut aussitôt commander une perruque neuve, un habit à basque, grandes manches, & arrive avec cet appareil chez Grimou, où j'étois alors. Dès qu'il le vit il se mit en colere : qu'est-ce que cette mascarade ? où est votre bonnet & votre veste, je ne vous reconnois plus. L'autre eut beau insister sur l'habit du Dimanche, le portrait de famille ; il n'y eut pas moyen : il fallut reprendre la veste & le bonnet. Et il en fit aussi un portrait bien vivant, aulieu d'un plat Marguiller de Paroisse en perruque & habit noir.

M. FABRETTI. L'aventure est très-bonne.

M. REMI. Voyez, Messieurs si vous trouveriez par hasard quelque chose. Quoique les portraits n'intéressent que les gens de connoissance.....

MILORD. Quand ils sont bien faits ils intéressent tout le monde. Je n'ai jamais passé à Florence sans faire une bonne séance dans la salle des Peintres. J'y trouve l'histoire de l'ame & du talent de chaque Artiste. Il me semble converser avec eux.

M. REMI. Sans converser ici avec personne, voyez un peu ces ouvrages de Monsieur Per....

M. FABRETTI. Il y a de la noblesse dans ces têtes. Elles sont touchées avec esprit & dessinées sçavamment. Mais ce mérite perd bien de sa valeur, parce qu'il n'y régne absolument aucune connoissance sur la couleur locale & ses effets.

M. REMI. Les ouvrages de M. Aub... sont peints avec plus de force & de hardiesse.

M. FABRETTI. Il est facile d'être libre dans sa touche & dans ses tons, quand on ne copie pas la nature. S'il la suivoit un peu plus, ses têtes n'auroient pas toutes le même mouvement & le même coloris. Toutes les chairs se ressemblent.

M. REMI. Quand il n'y a que cette ressemblance, le tableau est fait pour une personne seule ; mais il le fait ordinairement pour plusieurs. Voilà celui de Madame V... il ressemble autant à quatre personne très-connues :

ſi la Princeſſe n'en veut pas il pourra s'en accommoder avec les autres.

M. FABRETTI. C'eſt ſe ménager des reſſources, & par cette méthode les tableaux ne lui reſtent jamais. En voici un qui, je le parie ne reſtera pas sûrement au Peintre. Cette jeune perſonne eſt charmante. C'eſt comme un tableau d'hiſtoire des plus piquants.

M. REMI. Conſidérez-le je vous prie attentivement, ainſi que ce trbleau de nature morte & ce petit bas relief.

MILORD. A l'examen ils ſont comme au premier coup d'œil. Le bas relief fait illuſion, la nature morte eſt bien rendue, la penſée du portrait eſt heureuſe, la touche en eſt vraie & la couleur harmonieuſe.

M. REMI. En devineriez-vous l'auteur.

MILORD. Je ne ſçais trop: çà ne reſſemble à rien de ce que nous avons vu.

M. FABRETTI. Le nom ne fait rien au talent. C'eſt un Artiſte charmant, & dont on ne ſçauroit trop dire.

M. REMI. Le nom fait quelque choſe ici, & ſi on vous diſoit que cet Artiſte charmant, dont on ne ſçauroit trop dire, eſt une Demoiſelle, jeune, jolie, & qui chante auſſi bien qu'elle peint: que diriez-vous?

M. FABRETTI. Ne ſçachant plus que dire, le plus court ſeroit d'aller ſur le champ ſe faire peindre; vous voyez qu'ignorant ſon nom, la courtoiſie n'eſt entré pour rien dans nos éloges: en trouvant ſes ouvrages charmants, nous n'avons rien fait pour ſon ſexe. Je crois, Milord, que vous allez l'inſcrire ſur vos tablettes en lettres d'or, & que ſous peu nous admirerons votre portrait de ſa façon.

MILORD. Je ne m'y exposerai pas, elle a trop de

talent pour moi. L'on connoît le Peintre amoureux de ſon modéle, mais à mon âge il ſeroit ridicule de donner le nouveau ſpectacle du modéle amoureux de ſon Peintre.

M. FABRETTI. L'Académie peut quand elle voudra tomber en quenouille & ce ſera ſon beau temps.

M. REMI. Ce n'eſt encore rien que çà. Je ne vous ai pas tout dit. Sous peu elle va s'enrichir de deux tréſors, Meſdemoiſelles B... & V... vous penſez bien que je ne manquerai pas le jour de réception. Ce ſera trop ſuperbe. J'ai oui dire à des connnoiſſeurs que juſqu'ici tous les prodiges de la Peinture ancienne paroiſſoient une fable, déſormais ce ſera une vérité.

M. FABRETTI. Dans le même genre toujours.

M. REMI. Qu'appellez-vous genre ? Oui le genre ; le mot eſt familier. Eh ! non, Monſeigneur, la grande hiſtoire, le poëme épique, la trompette.

M. FABRETTI. Çà me paroît un peu exagéré. Le poëme épique, la trompette exigent des études d'après nature, impraticables pour le beau ſexe.

M. REMI. On le ſçait bien. On n'auroit garde autrement de vous les vanter ; mais elles ſeront reçues en entrant profeſſeur pour poſer le modéle ; car elles vous deſſinent une académie, m'entendez-vous, tout auſſi fierement que Michel-Ange.

M. FABRETTI. En ce cas je me rends : cependant peut-être jeunes, jolies & vierges ?

M. REMI. Tout çà à la fois.

M. FABRETTI. Alors il faudroit pour le progrès des arts qu'elles fuſſent unies à vos plus grands Artiſtes. D'un ſi heureux hymen il ſortiroit des Dieux pour la Peinture.

M. REMI. Oh laiſſez-les faire. Avec cette connoiſſance profonde du deſſein, elles ne ſeront pas duppes, & cette maniere de Michel-Ange, comme bien ſçavez, donne un tact ſur un ſentiment exquis pour la grandeur des formes. Quelques imbéciles s'oppoſants aux progrès des arts, ont voulu critiquer cette étude de la nature: mais nous commençons à nous décraſſer en France ſur tous les préjugés. Vous voyez que c'eſt digne de l'Angleterre.

MILORD. Vous lui faites trop d'honneur, & nous ne ſommes pas ſi avancés que çà.

M. FABRETTI. L'article des portraits eſt je crois bientôt fini.

M. REMI. Il y en a un de Monſieur Dro... que je n'oſe vous montrer. Cependant quelque peu rendu qu'il ſoit, il vous intéreſſera par le ſujet, c'eſt Madame la D...

M. FABRETTI. Il faudroit pardonner à tous les Artiſtes d'y échouer. Ils n'ont pû s'exercer d'après l'antique à rendre une quatrieme grace, & c'eſt un ſujet tout neuf.

MILORD. Ils ſont ſi loin de pouvoir la copier qu'ils la défigurent. A quoi bon cet enduit ſur les joües.

M. REMI. C'eſt le coſtume de la Cour.

MILORD. Je ne puis pardonner à toutes ſes ſuivantes qui, par jalouſie lui ont gâté le viſage, & l'ont rendue moins belle, ne pouvant s'embellir elles-mêmes.

M. FABRETTI. Il leur a été plus facile de l'amener à leur mode, que d'imiter l'incarnat & la candeur de ſon teint. S'eſt-on jamais aviſé de peindre des roſes?

M. REMI. Vous n'êtes point fait à ce vernis en Italie ni en Angleterre. Vous aimez la nature.

M. FABRETTI. Vos modes ont beau tyrannifer toute l'Europe, c'eft un préjugé bien mal établi. Au lieu des frifures étouffées, ne vaudroit-il pas mieux une coëffure vague, Aërienne. Au lieu de ces grands balanciers qui coupent fi mauffadement la taille, une robbe qui en accufant les formes, donnât plus d'élégance & de légéreté; le coftume Polonnois, Hongrois, Ruffe, je ne connois rien qui ne vaille mieux. Si les chofes étoient dans l'ordre, les Peintres feroient ces modes au lieu d'en être dominés.

M. REMI. Voilà une révolution que nous ne verrons jamais ; & les matrones & l'étiquéte font un bon ramport contre les nouveautés.

M. FABRETTI. Comment un Peintre peut-il lutter contre un pareil coftume? Dans ce labyrinthe, la nature doit lui échapper.

M. REMI. Pour revenir au portrait de Madame la D... qu'en dites-vous, aux défauts près? Le Peintre a évité une partie de ce que vous reprochez. L'idée eft ingénieufe, la compofition convient au fujet. Cette draperie eft jettée avec aifance, grace, & il y a mis du goût.

MILORD. En revanche il en a mis fort peu dans la coëffure, & il n'a fenti fon idée qu'à demi, & pour la perfonne il n'y en a pas un mot.

M. FABRETTI. Il faut être indulgent. Quand il auroit rendu fes traits charmans, le tableau n'eut été qu'ébauché; ils font la plus petite partie d'elle-même. C'eft fon ame qu'il faut rendre.

MILORD. Vous avez raifon; pour le vifage on pourra bien le lui gâter, mais pour cela je les en défie bien.

M. FABRETTI. Il faudroit faifir deux chofes fi rarement réunies, la grace & la nobleffe. Quelque parti que prenne le Peintre, il faut que l'une domine ſans que l'autre diſparoiſſe toutefois. Ainſi le Dominiquin en eut fait ſon héroïne dans ſa chaſſe de Diane; Raphaël dans ſa Galathée parcourant les mers, & ſous la figure d'Hébé ils euſſent toujours fait briller quelque trait de Minerve.

MILORD. Ils euſſent quelquefois pris pour ſujet l'autre moitié de ſon être, & l'euſſent rendue ſous la forme plus touchante d'Eſter qui va aux pieds d'Aſſuerus ſolliciter pour un peuple opprimé. J'aime mieux le ſpectacle des graces occupées à rendre les hommes heureux, qu'à leur plaire; & la nature en lui prodiguant les moyens de charmer, a plus utilement verſé dans ſon ame la bienfaiſance & la ſenſibilité.

M. FABRETTI. Elle a par-là travaillé pour tous les tems. Les fleurs n'ont qu'un moment, & les vertus ſont de toutes les ſaiſons.

M. REMI. Peut-on balancer dans la concurrence de ces avantages pour la durée & pour l'influence? Les graces & les charmes des perſonnes de ce rang ſont pour ceux qui les entourent; leurs vertus ſont pour leur empire, leur peuple, & pour moi-même qui ne les verrai jamais.

M. FABRETTI. Voilà le portrait de Monſieur le D. . .mais Madame la D. étant en Hébé, on auroit dû pour pendant rendre Monſieur le D. dans un ajuſtement poëtique.

M. REMI. Il eſt dans le coſtume nationnal, tout en françois.

M. FABRETTI. On dit pourtant qu'il ne l'eſt guére.

MILORD. Puiſſe-t-il toujours mériter cet éloge; car le plus grand préſent que le Ciel pût faire à un Prince, ſeroit des François à gouverner, & aux François un

Prince qui ne le fut pas. Voici l'heure de l'Opéra. Voulez-vous venir voir des décorations & des ballets.

M. FABRETTI. S'il n'y avoit qu'à voir, à la bonne heure, mais vous ſçavez qu'il y a à entendre.

MILORD. Vous qui avez l'oreille dure.

M. FABRETTI. Je ſuis journalier, & je me trouve aujourd'hui en oreille fine. D'ailleurs il n'y a oreille dure qui tienne ; ils trouvent bien le ſecret de ſe faire entendre. Les ſourds de naiſſance n'y perdent pas une note.

MILORD. Notre ſéance m'a paru fort courte.

M. FABRETTI. Eh bien arrangeons-nous pour paſſer ici demain toute la journée enſemble.

MILORD. Comme le plus près du ſallon je vous retiens pour un déjeûner & un dîner à l'Angloiſe.

M. FABRETTI. Et moi, vu la ſaiſon je vous retiens pour des rafraîchiſſements & un ſouper à l'Italienne. Monſieur Remi voilà un régime qui vous dépayſera un peu.

M. REMI. J'aime les nouvelles connoiſſances dans ce genre.

DIALOGUE V.

MONSIEUR REMI.

MESSIEURS, nous n'avons pas trop de tems pour les belles choses qui nous restent à voir. Il ne s'agit pas ici de courir, il faudra s'asseoir souvent pour considérer à loisir nos sculpteurs.

MILORD. Vous êtes fiers, Messieurs les François sur cet article là.

M. FABRETTI. Monsieur Remi il est vrai prend un air de confiance que je ne lui ai pas encore vu.

M. REMI. Il en est bien tems. Jusqu'ici j'ai été assez timide, & je n'étois jamais sûr du sort d'un tableau ; mais actuellement vous changerez de stile, & il me faut des éloges.

M. FABRETTI. Pour moi, je m'éxécute, & je vous rends hommage au nom de l'Italie. Nous n'avons rien actuellement qui vous vaille.

M. REMI. Actuellement ! l'éloge est modéré. Cela ne suffit pas. Il faut convenir que notre supériorité n'est pas l'affaire du moment.

M. FABRETTI. Quoi vous osez la revendiquer pour tous les tems.

M. REMI. Pourquoi pas ?

M. FABRETTI. Vous abusez de l'aveu honnête que je viens de vous faire, c'est violer le droit des gens. Milord, je vous prie du sécours.

MILORD. Allons, Monsieur Remi, modérez un peu vos conclusions.

M.

M. REMI. Eh bien je conclud ſans en rien rabattre actuellement, & depuis long-temps & pour l'égalité en tout tems.

M. FABRETTI. L'égalité! La prétention eſt monſtrueuſe. Milord, ſoyez donc notre juge.

MILORD. Je me rappelle, Monſeigneur, que nous avons admiré enſemble en Italie Puget, Legros, Slodtz & qu'ici nous les avons trouvé encore & nombre d'autres. Ainſi les prétentions Françoiſes ne ſont pas ſi abſurdes, qu'on ne doive au moins entendre les raiſons.

M. FABRETTI. Mais, Michel-Ange, Jean de Bologne, toute l'École Florentine, l'Allegaroy, Guillaume de la Porta, le Bernini, & . . .

M. REMI. Aulieu de citer des noms, je cite des ouvrages, la Fontaine des Innocents, les Cariatides du Louvre, les graces des Céleſtins, le . . . .

MILORD. Eh! Meſſieurs, aulieu de diſputer, voyons.

M. REMI. Je ne demande pas mieux ; même pour plus grande facilité, j'abandonne les morts, & je m'en tiens aux vivants, & je les oppoſe à toute l'Italie depuis la renaiſſance des arts. Et pour commencer, voilà le Maréchal de Luxembourg par Monſieur Mouchy, & puis une figure de l'abondance.

M. FABRETTI. Ce guerrier eſt dans une attitude triviale & d'une éxécution aſſez médiocre. La tête de cette abondance eſt aſſez agréable; mais dans le ſtile François, le rendu des étoffes n'eſt pas précis, & l'agencement n'en eſt bon que de face. Cette ſtatuë du Roi, n'eſt-elle pas auſſi de lui ?

M. REMI. Non, elle eſt de Monſieur Boi. & deſtinée pour Breſt.

M. FABRETTI. Quoiqu'il y ait moins de grand

que dans celle du Maréchal, cette attitude encore triviale, me l'avoit fait juger du même. Elle est mal ajustée & quoiqu'excessivement lourde elle devient mesquine par la pésanteur des attributs & du pied d'estal, auquel les prouës sont si gauchement attachées qu'elles ont l'air d'un vaisseau entier qui le traversent.

MILORD. Effectivement, moins saillantes & accompagnées de quelqu'autres attributs, elles eussent sauvé cet équivoque.....

M. FABRETTI. D'ailleurs rien de neuf, de piquant dans la pensée. N'auroit-il pas mieux valu prendre pour base une portion de vaisseau, sur la poupe duquel on eut placé le Roi tenant le gouvernail, image toute simple de sa puissance & de ses fonctions dans la monarchie? Les canons, les voiles & autres attributs y eussent été amenés tout naturellement, & pour la variété des effets, on auroit employé par grande masse le marbre & les métaux. Au reste je vous donne cette idée pour ce que vous voudrez; car je ne connois rien dans le monde qui ne valut mieux que sa composition.

M. REMI. Voilà encore d'autres morceaux de lui.

M. FABRETTI. Ces autres morceaux annoncent de grandes dispositions à ce qu'on nomme maniere.

MILORD. C'est une maladie dangéreuse pour un jeune Artiste, dont l'étude constante de la nature peut seule le guérir.

M. REMI. Vous trouverez le Roi bien mieux rendu dans ce bas relief de Monsieur Ber...

M. FABRETTI. Guére mieux. Il est dans un mouvement froid, & a un air de sévérité qui ne convient pas à l'acte de bienfaisance qu'il exerce. Les jambes trop rapprochées rendent le bas de la figure mesquin.

M. REMI. A la bonne heure. Convenez du moins que chaque grouppe & même chaque figure eſt très-bien penſé, & qu'il y a du mérite dans les agencemens, les mouvemens & les enſembles.

M. FABRETTI. Convenez auſſi que la diſtribution eſt par trop ſimétrique. Les grouppes ſont à même diſtance & nombre de chaque côté : les têtes qui ſont preſque toutes de femmes n'ont aſſez ni de caractères, ni de variété.

MILORD. Monſieur Ber... paroît n'avoir qu'un genre de beauté, qui eſt encore plus dans ſa main que dans ſa tête.

M. FABRETTI. Monſieur Remi, eſt-ce devant tout cela que vous voulez qu'on ſe proſterne ?

MILORD. Il met de l'artifice dans ſa manœuvre, & par un début foible vous diſpoſe à une fin brillante.

M. REMI. Puiſque vous êtes impatient de voir des chefs-d'œuvres, voyez ce tombeau pour la Ruſſie, par Monſieur Hou.

M. FABRETTI. Ce génie militaire ne me dit rien, ſans caractère, ni ſentiment dans l'attitude la plus glaciale.

M. REMI. Ce ſont de belles formes cependant.

M. FABRETTI. Oui, mais de belles formes de plâtre, & ſa Minerve s'eſt engourdie.

MILORD. Voyez cette tête de Béliſaire qui annonce qu'il s'anime quelquefois.

M. FABRETTI. Mais il paroît que ſa verve ſe glace quand il travaille pour le Nord ; témoin encore ces portraits.

MILORD. Ne jugez pas par ce ſallon de Monſieur

Hou... je ne le reconnois pas. Son Saint Jean & son Morphée ne sont rappellés par rien de ce qu'on voit ici. Il est une preuve des inégalités du génie. Rappellez-vous que Pertharite & Cinna sont partis de la même main.

M. FABRETTI. Moi qui arrive au Pertharite, je lui conseille d'imiter Apollodore, (b) qui brisoit souvent ses propres ouvrages pour n'y pas voir assez de perfections.

M. FABRETTI. Allons, Monsieur Remi, je retracte tout ce que j'ai avoué d'honnête pour votre école, & j'établis les plus hautes prétentions même pour le moment.

M. REMI. Une minute. Quand vous aurez vu Monsieur Caf. je crois qu'il vous en ôtera l'envie.

M. FABRETTI. Quoiqu'on ne doive pas se flatter d'avoir de grands hommes subitement; cependant du soir au lendemain, on peut avoir du médiocre. Nous avons en Italie des gens de cette force-là.

M. REMI. Vous ne pensez pas que c'est de Monsieur Caff. dont vous parlez.

M. FABRETTI. Je ne sçai de qui c'est; je parle seulement de ce tombeau dont l'éxécution est aussi froide que la pensée commune, & mal conçue. Pour ce groupe de l'amour & de l'amitié, est-ce qu'il ignore que Monsieur Pig. en a fait un? Voudroit-il lutter contre lui, ce seroit le combat des Pygmées & des Géans; & peut-il de bonne foi graver au pied de cette statue: *Anché ir Son Scultare.*?

M. REMI. Vous m'abandonnez, Milord, vous me laissez tout seul!

M. FABRETTI. Il est notre Juge, & doit écouter les parties.

(b) Une des plus belles statues de Silamon, étoit ce sculpteur dans cet acte de colere. *Pline, liv.* 34.

MILORD. Allons, Monſieur Remi, faites avancer quelques légions, quelques corps de réſerve.

M. FABRETTI. Il n'a que des troupes légéres.

M. REMI. Préparez-vous à un coup de maſſue, Monſeigneur, voici un Hercule, notre incomparable Monſieur Paj.

M. FABRETTI. C'eſt un coup de maſſue dont je reviendrai. Ses ſtatues du Palais Royal me raſſurent contre cette attaque.

M. REMI. Vous citez ces morceaux peut-être les plus foibles.

M. FABRETTI. Je vais y aller de bonne foi. Son Pluton à l'Académie eſt bien aſsûrément un de ſes douze travaux. Il y a, je l'avoue, un bon caractère & de l'expreſſion: mais ni fineſſe d'éxécution, ni molleſſe de chair, & d'après bien d'autres choſes que j'ai vû de lui, il m'eſt reſté qu'il compoſe avec goût, qu'il agence avec grace; mais que le nud n'eſt jamais rendu, & qu'il ne fait ſouvent que des eſquiſſes. (c)

M. REMI. J'abandonne tout ce qui eſt ailleurs. Je m'en tiens à ce qui eſt ici. Voyez cette torchère: dites-en du mal ſi vous pouvez.

M. FABRETTI. Non, non c'eſt impoſſible. La compoſition, l'ajuſtement en ſont délicieux, la tête & la coëffure pleines de graces; & je n'ai jamais rien vu de lui de cette légéreté, & de cette fineſſe.

MILORD. Voilà le buſte de Monſieur de Buffon, pourquoi n'eſt-il pas ſur pied-d'eſtal plus élevé?

(c) On voit une ſtatue à qui rien ne ſemble manquer, parce que l'enſemble s'y trouve; mais comme finir eſt rendre toutes les formes & les fineſſes, appanage excluſif du génie & d'une étude profonde, un œil exercé n'y voit que des eſquiſſes.

M. FABRETTI. Il eſt ſi peu de niveau avec tout le monde qu'il n'en a pas béſoin pour être diſtingué.

M. REMI. Un chef-d'œuvre que je vous recommande, Monſeigneur, c'eſt un buſte de Monſieur du B. il eſt d'un mouvement plein de feu & d'eſprit. Une grace & un goût incroyable dans l'ajuſtement.

M. FABRETTI. C'eſt vrai, mais pour le fini je n'y trouve pas tout-à-fait le Paj. de la torchère; & ce Caf. dont je n'ai pas dit aſſez de bien, parce que vous en diſiez trop, a mis dans ce buſte d'Helvétius plus de moëlleux & de chair que Paj. dans les ſiens.

M. REMI. Puiſque cette torchère a réuſſi, je vais vous en faire défiler devant vous encore quelqu'atres. En voici une de Monſieur Mon. qu'on trouve bien agréable & du caractere le plus gracieux & le plus fin.

M. FABRETTI. On a raiſon. Les chairs ſont d'une éxécution précieuſe. Pour les étoffes je voudrois plus de vérité dans le choix & le rendu des plis.

M. REMI. Cette tête de Bacchante eſt encore de lui.

M. FABRETTI. Elle eſt charmante; mais elle a plus l'expreſſion de la volupté que celui de l'abandon & de la gaité que le vin doit donner. Monſieur Mon. pour être un excellent homme auroit beſoin de mettre dans ſes ouvrages un peu plus de grandeur & de réſolution.

M. REMI. Après une Bacchante, j'ai envie pour varier de vous propoſer ce Saint Bruno de Monſieur Go.

M. FABRETTI. Il eſt d'une maniere grande, noble & vraie tout enſemble, d'une expreſſion admirable. Mais quoique les mains ſoient dans un beau mouvement, elles ſont lourdes & maniérées.

MILORD. Monſeigneur, quand on trouve dans une

ſtatue des draperies & une tête de cette force, on n'y doit plus appercevoir de défauts.

M. REMI. A l'égard de ſon bas-relief de S. Jacques & S. Philippe, je ne vous le propoſe que comme une eſquiſſe.

M. FABRETTI. Oui rapidement faite, & où il y a bien des choſes à vérifier. De qui eſt ce jeune homme diſtribuant des couronnes?

M. REMI. Quoique deſtiné pour l'Hôtel de la Vrilliere, je n'oſe vous avouer qu'il eſt auſſi de Monſieur Go...

MILORD. Il n'eſt pas de lui; mais il a tort de permettre à ſes éléves d'expoſer ici ſous ſon nom.

M. REMI. Puiſque nous ſommes en train de dévotion; voilà un Chriſt de Monſieur Brid. qui n'eſt pas à oublier.

MILORD. Son procès eſt jugé il y a longtems. Rappellez-vous ce que nous avons dit ſur celui de Monſieur Ro. Vous pouvez vous rabbattre ſur le St. Barthelemi.

M. REMI. C'eſt ſon morceau de réception qui lui a fait grand honneur à l'Académie, ainſi que ſon Aſſomption pour l'Égliſe de Chartres.

M. FABRETTI. Ce martyre eſt aſsûrément très-digne du cas qu'on en fait; pour l'Aſſomption, je l'ai entendu vanter comme une machine ſuperbe & digne du voyage, & ce Saint Barthelemi le laiſſe croire volontiers.. mais je ne vois rien ici de Monſieur All.

M. REMI. N'avez-vous pas vu ſa Venus de Luſſienne?

M. FABRETTI. Aſsûrément j'en ſuis enthouſiaſmé. Je l'ai trouvé antique, grecque. Et Milord m'a promis de la faire recommencer ſur le plus beau marbre de Paros. (*d*)

MILORD. Vous avez vu ſon précieux Narciſſe dans les ſalles de l'Académie.

M. FABRETTI. C'eſt parce que j'ai vu de ſes ouvrages que je voudrois toujours en voir.

M. REMI. Je ſuis bien étonné de votre enthouſiaſme ; car Monſieur All. eſt aſſez ſtérile. Ce ne ſont-là que quelques ſtatues....

MILORD. Qu'appellez-vous quelques ſtatues ? L'Apollon, la Venus, l'Hercule, la Flore ne ſont que des ſtatues ? une ſeule ſuffit pour la gloire d'un Artiſte.

M. REMI. Je ſuis de bonne foi, nous ſommes aſſez riches pour ne pas éxagérer à ce point le mérite de Monſieur All. & dans notre Académie il ne paſſe que pour avoir le travail du marbre.

MILORD. Je voyois bien que ce n'étoit pas vous qui parliez.

M. FABRETTI. Qu'entendent-ils par le travail du marbre ? C'eſt ſans doute le Gothique & ſes miſeres difficiles. Mais ſi l'on entend la préciſion des formes, la chair, ſes molleſſes, & ſes vérités ; un pareil jugement ne vient que d'Artiſtes, qui n'ayant qu'un certain feu, mépriſent les études longues & pénibles, & qui veulent donner un peu de goût & d'agrément pour les ſeuls ſécrets de l'art. Pour eux, ils approchent de la nature ; mais pour All. c'eſt toujours elle.

M. REMI. Cet éloge les étonnoit. Selon eux il n'a pas de facilité. Il a été dix ans à ſa ſtatue.

(*d*) Il eſt fâcheux qu'une des plus belles ſtatues de l'École françoiſe, ſoit exécutée en vilain marbre de cheminée.

MILORD. Comment il n'a été que çà ? Les autres ne ſont pas aſſez habiles pour être moins féconds. Qu'ils apprennent à travailler difficilement. Ce n'eſt pas All. qui eſt lent, c'eſt l'art. Quand on raiſonne toutes ſes parties, que chaque coup de ciſeau eſt un étude, on eſt comme ces anciens qui paſſoient leurs vies ſur une ſtatue, & ſe rendoient dignes de voir leur gloire célébrée par les poëtes, & leur fortune aſſurée ſur le tréſor public.

M. FABRETTI. Monſieur Remi je ne dois pas vous être ſuſpect. C'eſt une des meilleures piéces de votre procès. Je la redoute fort dans le jugement. Il faudra me le faire connoître cet All.

M. REMI. Ses ſtatues, à la bonne heure. Je vous conſeille de vous en tenir-là. Il eſt ſi bonnement habile homme que vous aurez l'air de lui apprendre que ce qu'il fait eſt beau.

M. FABRETTI. J'en ai encore plus d'envie de le voir.

M. REMI. Il vaut mieux vous produire des gens qui ayent du monde, du ſtile, & de belles manieres.

MILORD. Oh point du tout. On ſçait aſſez que dans ce pays-ci, la fatuité ſert ſouvent à faire paſſer un ridicule pour un talent.

M. REMI. Je ne m'oppoſe pas à votre bonne opinion ſur Monſieur All. mais après en avoir tant dit, je ne ſçais ce que vous pourrez dire ſur nos premiers ſculpteurs.

MILORD. S'il falloit monter, ce ſeroit embarraſſant, mais actuellement vous n'avez plus qu'à deſcendre.

M. REMI. Voilà un ordre qui vous paroîtra nouveau. Quel eſt donc le ſecond ſur votre liſte ?

MILORD. Monſieur Pig. ſans nulle difficulté. Il faut

même avouer que le mausolée du Maréchal de Saxe ne fut pas sorti de la tête d'All. Il fait mieux une statue qu'un autre : mais une composition c'est autre chose. Il a plus le sentiment de la nature que l'imagination du poëte. Pour une figure, il n'a pas encore tous les genres, & un Jupiter, un morceau d'enthousiasme ne sortiroient pas de son ciseau. (*e*)

M. FABRETTI. Il est de pair avec tous les Sculpteurs de l'antiquité qui ne rendoient pas tous les caractéres. Il suffit d'être sublime dans un point ; mais pour revenir à Monsieur Pig. il me semble qu'il n'a pas bien conçu sa composition quoique neuve & très-poëtique. Je n'y trouve pas ce qu'Horace demande

. . . Cui lecta potenter erit res,
Nec facundia deseret hunc, nec lucidus ordo.

Il y marque ce qu'un homme médiocre y mettroit. Il falloit donner à la mort un air de commandement, & au Maréchal, en la fixant, un regard fier & tranquille. Mais sa téte en l'air, le fait ressembler à l'astrologue de la fable qui va tomber dans un puits en considérant les astres. D'ailleurs la mort ouvre à contre sens cette tombe d'une forme lourde & commune.

MILORD. Pour vous donner, Monseigneur, la clef de tout ceci, c'est que la pensée de ce tombeau est de l'Abbé Gougenot, & qu'il est très-difficile de bien sentir les idées d'autrui.

M. FABRETTI. Si l'idée poëtique n'est pas assez exprimée, & s'il y a dans les détails quelques légers reproches à faire, l'Hercule, la France, les accessoires n'en sont pas moins des morceaux admirables ; & c'est en somme le plus beau monument du siécle.

(*e*) Il rend mieux le nud qu'une draperie, parce que l'agencement tient plus au goût qu'à la nature.

M. REMI. Il eſt fâcheux de voir ſortir de Paris une ſi belle choſe.

MILORD. N'eſt-il pas deſtiné pour l'École militaire?

M. REMI. Le public s'en étoit d'abord flatté, mais il n'y aura pour le remplacer que ſa ſtatue par Monſieur d'H. Vous ſçavez qu'il étoit Proteſtant, nos égliſes par là lui ſont fermées, & on l'envoye à Straſbourg dans un Temple.

MILORD. Sa place naturelle ſeroit aux Invalides, à l'école militaire, à l'Arſenal. Qu'on la mette dans un veſtibule, un périſtile, & s'il n'y en a pas, c'eſt le cas d'en bâtir un exprès.

M. REMI. Il y a, Meſſieurs, une petite queſtion, ſur laquelle je voudrois bien vous mettre aux priſes. C'eſt ſur le héros lui-même.

MILORD. Il nous a battu aſſez ſouvent pour intéreſſer notre gloire à le croire un grand homme.

M. REMI. Ce n'eſt pas du victorieux dont je parle. C'eſt de ſa ſtatue que l'on trouve trop lourde.

MILORD. Monſieur Pig. a ſuivi les proportions de ſon héros.

M. REMI. Mais on demande ſi dans des monumens, il faut copier exactement, ou bien embellir.

MILORD. En lui donnant une ſtature plus ſvelte, on n'auroit pas le Maréchal.

M. FABRETTI. Je penſe tout le contraire : dans les monumens on travaille pour la poſtérité, elle attend des héros qui en impoſent, & un corps qui annonce leur ame.

MILORD. Sous ce prétexte là, on n'aura jamais

leur figure; & les anciens ne nous euſſent laiſſé ni Philoſophes ni Empéreurs.

M. FABRETTI. Pour les Philoſophes, on s'attend que la nature peut les avoir réduit à l'ame & à l'eſprit: ce n'eſt pas d'eux dont il s'agit. (*e*)

M. REMI. Ce n'eſt donc que pour les Empéreurs, & il faudroit donner à Caligula un corps bien proportionné, à Vitellius une taille élégante, & à Claude un air ſpirituel.

MILORD. C'eſt aſſez que leurs noms flétris paſſent à la poſtérité, ſi & leurs ſtatues y arrivent, que ce ſoit avec tous leurs défauts, & même éxagérés.

M. FABRETTI. Oh ſûrement. Les grands hommes ſeuls ont droit d'être flattés par les Artiſtes.

MILORD. Tous grands hommes qu'ils ſont, il ſeroit ridicule de donner à Alexandre une grande taille, contre le proverbe trivial, *Alexander magnus*, &c. & des cheveux à Céſar, parce qu'il aimoit lui-même à cacher ſon front chauve.

M. FABRETTI. Ni grande taille, ni cheveux. Alexandre au milieu des Scythes, à côté de Porus ſéroit un contraſte choquant, que l'Artiſte peut ſauver en l'élevant ſur un char, à cheval, ſur un thrône; & pour Céſar, ſi l'on reſpecte ſa foibleſſe, une couronne de laurier, eſt la reſſource qu'il a fourni lui-même.

(*f*) Je ne ſçais pourquoi ils ont traité ſi legerement cet article des Philoſophes. Il eſt de la plus grande importance de les rendre avec préciſion. Juſqu'ici on s'étoit mépris ſur la figure d'Anthiſtene & de Carneade, que l'on confondoit inconſidérément; & tout le monde ſçait le déſordre inexprimable qui en réſultoit. Mais Mr. Marin vient patriotiquement d'annoncer dans la gazette de France, la découverte d'un Buſte qui décide à jamais la figure des deux Philoſophes. Le public en eſt notablement ſoulagé, & on ne ſera plus exposé à mille qui-pro-quo facheux dans ia ſocieté.

MILORD. C'eſt ſeulement déguiſer ſans détruire: & cet artifiçe eſt permis aux Artiſtes; mais je ne veux pas qu'ils choquent ouvertement comme Monſieur Mouc. tout le monde ſçait que le maréchal de Luxembourg étoit boſſu, & ce défaut eſt précieux dans ſon hiſtoire; (g) il en a fait un Apollon. A la bonne heure, qu'il eut évité une attitude ſaillante pour rendre avec adreſſe ce défaut ſenſible ſans être choquant.

M. FABRETTI. Nous ſommes plus rapprochés, Milord, que vous ne penſez. Je ne veux qu'embellir ſans altérer, & je ne plaide que pour la couronne de Céſar.

M. REMI. Voudriez-vous bien venir au fait? un mot, je vous prie, du Maréchal de Saxe.

M. FABRETTI. Milord vient d'indiquer une régle qui décide la queſtion. Jamais il ne faut choquer les idées reçues univerſellement comme ſur la taille de Monſieur de Luxembourg; mais on peut embellir ce qui n'eſt pas arrêté dans l'opinion. Monſieur le Maréchal de Saxe n'étoit célébre que pour ſa force, & jamais je n'avois oui parler de cette taille lourde & ignoble qu'il a dans ſon mauſolée: on pouvoit donc lui donner plus de nobleſſe & de grandeur de forme; ſurtout dans une poſition ſi ſaillante.

MILORD. Cette réputation de force me fait naître une idée. L'Hercule qui n'eſt qu'attribut ſeroit devenu mon ſujet, & j'aurois rendu mon héros ſous ſa forme, la maſſue à la main. A cela près tout le haut de la compoſition

(g) Sur tout dans une hiſtoire faite à la maniere de Plutarque, qui cherchoit le dedans de ſes Héros. On connoît ſa réponſe ſur le Prince d'Orange qui l'appelloit boſſu. Qu'en ſçait-il, dit le Maréchal, il ne m'a jamais vu par derriere. Ce trait eſt capital, & prouve bien une ame au deſſus des petites foibleſſes, dont les plus grands hommes ne ſont pas toujours exempts. Témoin Céſar & ſa couronne de laurier.

eut été conſervé, & dans le bas, comme la fable nous l'a peint deſcendant chez les morts, j'aurois placé & Cerbére & les Parques. (*b*) Mais voilà une épiſode qui nous a mené bien loin. C'eſt le ſort des grands hommes de prêter à l'imagination.

M. REMI. Puiſque vous parlez des abſents il ne faut pas oublier Monſieur le Moi. . . . le roi de nos ſculpteurs.

MILORD. C'eſt un Roi à déthrôner.

M. REMI. Vous lui conteſtez l'empire univerſel ſur toutes les Académies du monde. Avez-vous vu, Monſeigneur, ſon mauſolée du Cardinal de Fleury?

M. FABRETTI. C'eſt parce que je l'ai vu que je lui conteſterois ſa ſouveraineté. Rien n'eſt rendu. Compoſition froide, grimaces pour toute expreſſion. Caractéres communs, figures coloſſales.

M. REMI. Pour la proportion des figures, ce n'eſt pas ſa faute, c'eſt celle du vaiſſeau.

MILORD. Lui avoit-on promis de bâtir égliſe exprès pour ſon mauſolée.

M. FABRETTI. C'eſt toujours la faute du ſculpteur qui doit calculer ſon terrein & compoſer après. Une des plus ingénieuſes penſées du Bernin, eſt le mauſolée d'Alexandre VII. ſur une porte, dans un local ingrat, qu'il a cependant trouvé l'art de lier à ſa compoſition & de rendre eſſentiel à l'effet.

M. REMI. Si ce morceau ne vous plaît pas, nous avons autre choſe à citer.

M. FABRETTI. Ne citez pas; J'ai vu de ſes ouvrages: c'eſt toujours le même genre, de la maniere, des petites recherches d'un certain goût & d'une certaine touche,

(*b*) En le ſuppoſant ſous le forme d'Hercule, on auroit pu lui donner la même fin, & le placer ſur un bucher allumé par la mort.

rien de pur, de vrai & de grand. *Hoc non redolet Ciceronem.*

M. REMI. Il a cependant de la réputation.

M. FABRETTI. Il peut en avoir une, mais point du tout celle que vous prétendez ; *tel brille au ſecond rang qui s'éclipſe au premier.*

MILORD. N'avez vous rien ici de Meſſieurs Vas. & Cous? J'ai vu à Berlin la Dianne du premier comme l'antique, & la Venus de l'autre.

M. REMI. Je crois que cette Venus peut le diſputer dans votre cœur à celle de Luſſienne.

MILORD. La Pruſſienne eſt la plus belle de marbre, & l'autre la plus belle de chair.

M. FABRETTI. Ce ſera toujours la Venus *victrix.*

M. REMI. Mais, Milord, vous ne parlez que de la moitié de ce que vous avez vu : & l'Apollon, & le Mars qui ont accompagné les deux Déeſſes ?

MILORD. N'en parlez pas pour l'honneur de votre pays. *(i)* Cela fit faire de bien mauvaiſe plaiſanteries dans le nord. On prétendoit que vous ne ſçaviez faire que des femmes en France.

M. REMI. Quoi, cet Apollon ?

MILORD. Eh ! oui cet Apollon, avec ſon air lourd, ſon attitude fade, & ſes couronnes à la main fut pris pour un recteur de l'Univerſité qui diſtribue des prix.

(*i*) Quoique ces deux ſtatues ne fuſſent pas dignes du Roy de Pruſſe, il étoit cependant de ſa magnificence de faire récompenſer les Artiſtes. C'eſt l'obſervation qu'on fit faire à ce Monarque, lors du tableau du jugement de Pâris par M. Pi... qui étoit ſi mauvais, que dans le premier moment il n'en vouloit pas ; & ce fut à ſon occaſion qu'on fit la planche.

M. REMI. Et le Mars ?

MILORD. Ce fut encore pis. L'on trouva avec raiſon qu'il étoit injurieux d'en envoyer un pareil au Roi de Pruſſe.

M. FABRETTI. Que ne le copioit-il lui-même tout naturellement ? il avoit ſon modéle tout trouvé.

MILORD. Mais à propos ; il fait un mauſolée pour Sens, où j'ai trouvé des détails excellens, une figure du tems, un jeune homme, de charmantes draperies ; mais une compoſition étouffée & ſi peu pitoreſque, que ſi l'éxécution eſt d'un ſculpteur, l'idée eſt d'un maçon. Vas. en fait auſſi un dont j'ai vu l'eſquiſſe, qui m'a paru bien ordinaire. Toujours la piramide la figure au bas, des idées communes, rien de neuf & de piquant. Je lui manderai que nous irons le voir.

M. REMI. Mais vous ne ſçavez donc pas, Milord, qu'il eſt mort depuis un an.

MILORD. Comment il eſt mort ! c'eſt une perte, un habile homme de moins dans le bien bon genre.

M. REMI. Il a légué ſes entrepriſes à Monſieur le Com. . .

MILORD. Je ne le connois pas, mais ce choix m'eſt un préjugé favorable.

M. REMI. Sans vos excurſions au dehors, il y a longtems que vous le connoîtriez : voici bien des choſes de lui. Deux ſtatues pour la Monnoye.

M. FABRETTI. Elles ſont d'une proportion élégante, le caractére en eſt noble & ſimple, quoique celui de la paix ſoit un peu françois.

M. REMI. Ce petit enfant qui pleure ſon oiſeau eſt d'une grande vérité.

M.

M. FABRETTI. Oui, mais ſon pleurer n'eſt pas agréable.

M. REMI. Cette torchere auroit je crois la pomme, ſi vous ne l'aviez pas déjà donnée à celle de Monſieur Paj...

M. FABRETTI. Je ne ſuis pas ſi prompt à la donner, je l'ai encore.

MILORD. Si celle-ci la mérite, c'eſt par un chemin bien différent.

M. FABRETTI. Il eſt vrai que la route n'eſt pas la même. La torchere de Paj... eſt bien un modéle de grace & de goût. Elle eſt toute à lui & au ſiécle; l'autre eſt plus à la nature. La premiere ſent les mœurs de notre âge dans ſa coëffure plus élégante, ſon ajuſtement plus recherché, ſon mouvement plus fin, ſon air d'expérience, & les graces plus étudiées : mais l'autre voit le jour pour la premiere fois. C'eſt une nymphe, ou plutôt c'eſt la nature elle-même. Quelle noble naïveté, quelle ſimplicité dans la coëffure, le mouvement, le caractére & les draperies; des yeux faits à l'antique & un cœur neuf, lui donneroient la pomme.

M. REMI. Le Prince de Condé eſt de lui, & un des quatre Héros deſtinés pour l'école militaire.

M. FABRETTI. Il faudroit parler une bonne fois de ces quatre ſtatues pour n'y plus revenir, en prévenant d'abord Monſieur d'Hu.. . que la ſienne eſt la plus mauvaiſe, (*k*) & Monſieur Mou... que le Maréchal de Luxembourg reſte à faire: j'inviterois MM. Paj.. & le Com.. à mettre plus de neuf dans leurs penſées, plus de choix

(*k*) Il a probablement voulu donner au Maréchal de Saxe un air fier, mais il n'eſt que grivois; tout cela vient de ce qu'il a pris pour modele un raccoleur ſur le pont Saint Michel.

dans le coſtume, plus de fierté & de nobleſſe que de grimace & d'humeur dans leurs têtes. (*l*)

M. FABRETTI. Vous connoiſſez, Monſieur Remi, ſans doute un nommé Clod... que nous avons eu long-tems à Rome. Je crois qu'il jouit ici de la même réputation que chez nous.

M. REMI. C'eſt ici ſon premier ſalon, & pour lui une époque brillante.

M. FABRETTI. Je ne vous demande pas où il eſt, je me charge de le reconnoître.

M. REMI. Il a un grand ſtile & fait de la chair. Voilà l'opinion qu'on en a.

M. FABRETTI. Je parie que ce Jupiter tonnant eſt de lui.

M. REMI. Sa belle attitude, ſes formes vraies & reſſenties & ſon mouvement plein de feu, font preuve de ce que je vous ai dit.

M. FABRETTI. Ce n'eſt pas là le Jupiter d'Homére; ſon expreſſion eſt plutôt la colere d'un homme que le courroux du maître des Dieux.

M. REMI. Ce fleuve Scamandre deſſéché par les feux de Vulcain eſt auſſi une bien belle choſe.

M. FABRETTI. Ce ſujet eſt du nombre de ceux que la ſculpture devroit s'interdire.

M. REMI. Et l'Hercule, comment le trouvez-vous?

(*l*) Il y a d'ailleurs bien des défauts de détail & d'éxécution dans la ſtatue de M. Paj... & dans celle de M. le Com.... où le manteau ſur tout forme un angle droit avec l'écharpe. Cette régularité eſt un vice d'agencement. D'ailleurs le choix du manteau n'eſt pas heureux; une étoffe un peu forte convient mieux à un guerrier, & eut amené des plis plus larges pour contraſter avec ceux de l'écharpe.

Avouez que dans tous ces morceaux on ne peut rendre la nature avec plus de vérité & de sçavoir.

M. FABRETTI. Je conviens de tout, pourvu que vous ne nommiez ni Jupiter, ni Hercule, ni le fleuve Scamandre, mais le même homme dans une attitude de colere, d'invocation & de repos.

M. REMI. Il seroit tems cependant que vous vous missiez à louer quelque chose. Ce fleuve du Rhin, qui sépare ses eaux, est ce me semble digne de vos éloges.

MILORD. Je vous condamne provisoirement à trouver cette idée ingénieuse, ainsi que celle de ce tombeau, ce sacrifice à l'amour charmant, ces danseuses dignes de figurer parmi celles d'Herculanum; & ce petit satyre digne d'être enchassé. Je vous avoue que si tout le monde étoit de mon goût, la porcelaine seroit reléguée à l'office & les cheminées décorées de morceaux aussi précieux.

M. REMI. J'admire, Monseigneur, qu'ayant montré tant d'envie de le voir, vous ayez été le seul à le critiquer.

M. FABRETTI. Sur un autre je n'eus fait que louer, mais l'intérêt que je prend à lui ne me rend éclairé que sur ses défauts. Il doit justifier ce long séjour à Rome, où il s'est naturalisé avec l'antique. Les plus petites taches me choquent, parce qu'il a de quoi ne se laisser effacer par personne.

MILORD. Il faut toujours parler ouvertement pour que les Pi. les d'Hu. & autres ferment boutique, s'il est possible, & plus ouvertement encore sur les grands hommes, parce qu'ils ont trop de talents pour ne pas leur dîre ce qui leur manque. Les yeux du public les aident, & voilà surtout à quoi ce salon est bon.

M. REMI. Je ne sçais si ce salon fait bien à l'art, mais il fait grand mal à la plûpart des Artistes. La critique les désole ; & c'est pourquoi Gre. Pie. Frago. Bri. Caza, n'y ont pas paru cette année.

MILORD. Mais ils n'y gagnent rien, & à propos de Peinture, c'est comme à propos de botte, il est aisé de parler du grand Turc si l'on veut.

M. REMI. Il est vrai que vous ne vous êtes pas mal égayés sur leurs comptes, & les absents ont été souvent interloqués.

MILORD. Le progrès de l'art importe plus que leur petite sensibilité. Les vrais Artistes mettent leur amour propre dans les succès & dans la gloire. Loin de fuir la critique, ils ouvrent leurs atteliers, exposent leurs ouvrages aux passans, & se cachent derriere, comme cet ancien Peintre, pour entendre ce qu'on en dit. Ce salon ne devroit pas seulement être un spectacle pour le public, mais un concours pour les Artistes. Le plus beau tableau, la plus belle statue devroient être portés en triomphe dans une galerie, où les chefs-d'œuvres de chaque salon seroient déposés comme un thrésor de l'état, & les Artistes récompensés & couronnés solemnellement.

M. FABRETTI. De pareils honneurs dans toutes les classes féconderoient les talents en tout genre.

M. REMI. Comme ce cérémonial & ces couronnes ne sont qu'imaginaires, les critiques sont à-peu-près tout leur profit ; mais je ne voudrois pas pour tout l'or du monde qu'ils eussent entendus ce cours de médisances que vous faites depuis quelques jours; car ils s'éffarouchent même des plus plattes brochures, telles qu'une lettre de Raphaël, une réponse du Cousin, une conversation entre les numéros comme au dernier salon.

M. FABRETTI. C'étoit, je crois, la confusion des langues & une compagnie bien mêlée. Mais les journaux s'en escriment aussi, & c'est alors plus dangéreux.

M. REMI. Pas du tout : leurs critiques ſont ſi douces & ſi bénignes, que dans une ſeule ſéance, vous avez dit aſſez de mal pour les envenimer tous pendant plus de deux ſiécles. Les journaliſtes ſont tous de bons enfans, gens de génie d'ailleurs, & ſur les ſciences ils vous diſent au plus ce qu'il faut en penſer ; mais ſur les arts, il ſeroit dur d'éxiger qu'ils fiſſent un cours de peinture & des voyages, pour ne faire que tous les deux ans une critique exacte & préciſe. Vous voyez qu'il eſt plus court de louer vaguement ; auſſi tous les Peintres, juſqu'à Paſq. . ſoit en vers ou en proſe trouvent à ſe faire inhumer honorablement dans le mercure.

MILORD. Ils louent par fois à outrance, ouvrages & perſonnes. Il me vint dernierement une feuille fort prolixe ſur les talents, & ſur tout ſur les rares qualités de Monſieur Pie. çà me parut bizarre. Les ouvrages des le Bruns, des le Sueur & des Pouſſins m'intéreſſent à leur hiſtoire ; mais quand on m'apprend que Monſieur Pi. eſt un fort aimable homme, on peut m'en djre autant de ſon broyeur de couleurs, car c'eſt le génie ſeul des Artiſtes qui peut autoriſer à entretenir le public de leur cœur.

M. REMI. Doucement donc, vous parlez trop haut. Au nom de Dieu, gardons-nous le ſecret ſur tout ceci. Car la Prélature Romaine, & la Pairie Angloiſe ne vous ſauveroient pas mille brocards, mille triſtes brochures, & puis les ſuites les plus fâcheuſes, d'une conſéquence vraiment rédoutable.

M. FABRETTI. Bon Dieu ! vous m'effrayez. Queſtce donc ?

M. REMI. Monſieur Pie. qui iroit au lever le Dimanche jetter les hauts cris.

MILORD. C'eſt un inconvénient que nous n'avons pas prévu : car s'il n'y avoit que les *Pamphletaire* à craindre on parleroit à ſon aiſe.

M. REMI. Et moi, auditeur bénévole, on crieroit haro ſur le baudet: car vous n'imaginez pas juſqu'où va cette ſenſibilité.

M. FABRETTI. C'eſt très-noble d'être ſenſible à la gloire.

M. REMI. La gloire, c'eſt choſe creuſe. On aime moins à vivre dans l'hiſtoire que ſur le pavé de Paris; & les critiques peuvent détourner les chalans que l'on chérit bien plus que les ſimples admirateurs.

M. FABRETTI. La renommée, le temple de mémoire doivent ſuffire. La vocation d'un Peintre eſt d'être gueux, & Dieu merci en Italie ils y ſont tous fidéles. Un Peintre avec de l'argent eſt ſi fort un être contre l'ordre & l'harmonie, que d'obſervation faite, tous ceux qui par hazard en avoient ont toujours mal tourné. Témoins le Corrége, (*m*) mort ſous le poids de ſon ſalaire, & le Caravage aſſaſſiné avec ſon thréſor. Eſt-ce que vous verriez jamais en France quelque fortune de Peintre.

M. REMI. On ne voit jamais de pareil ſcandale. (*n*) Nous avons même des traits de déſintéreſſement à citer, & en dernier lieu Madame la Ducheſſe de M... voulant avoir un plafond: Do... parut trop cher; Monſieur du Ra... le fut moins: un certain Barb... en ſa qualité d'Ubiquiſte ſe radoucit encore; mais enfin le noble Bria...

(*m*) Il fut ſi enthouſiaſmé d'avoir vendu un de ſes tableaux, que s'en retournant à Corregio, pour l'annoncer à ſa femme, il gagna la pleuréſie dont il mourut. On avoit cependant bien pris la précaution de le payer fort peu, & même avec quelques monnoye de cuivre, dit *Vaſari*. Tant il eſt vrai que l'argent eſt mortel pour un peintre.

(*n*) Il faut excepter M. Ver... qui par le prix qu'il met à ſon eau, ſe prépare, s'il n'y prend garde, une fin tragique, en ſuppoſant toutefois que la Providence puniſſe les Peintres pécunieux auſſi ſévérement en France qu'en Italie.

pour l'honneur de l'Académie força de l'accepter par un rabais considérable.

MILORD. Je vous avoue que le trait ne me paroît pas si noble. Il le seroit bien plus si Bri... eut acheté mille livres sterling le droit d'y peinturer; & peut-ère encore admirerois-je plus la générosité du propriétaire qui lui en eut fait si bon marché.

M. FABRETTI. Tout ce que vous dites-là est plein de bonnhommie & de naïveté. C'est dommage de vous interrompre; mais mon admiration pour tout ceci commence à s'user. Votre thé à l'Angloise m'a creusé incroyablement; sauf meilleur avis, allons dîner, & nous reviendrons terminer le salon.

MILORD. L'avis est sage. Qu'en dites-vous Monsieur Remi?

M. REMI. Je le veux bien; mais après que toute justice sera remplie, & je ne sors pas d'ici que vous n'ayez condamné Monseigneur à un hommage clair & précis envers notre sculpture.

M. FABRETTI. Monsieur Remi, voulez-vous me prendre par famine?

MILORD. Ce ne seroit pas noble. Allons nous en & nous jugerons la cause le verre à la main.

M. REMI. Je voudrois bien rassembler dans l'Aréopage les Vénus d'Allégram & de Coustou, la Dianne de Vassé, l'amitié de Pig... conduites par le Narcisse & le Mercure, précédée par l'Amour de Bouchardon, éclairées même par les torcheres de Luciennes. Je crois que Monseigneur demanderoit d'avance un accommodement.

M. FABRETTI. Voudriez-vous lâchement imiter cet orateur, qui pour faire absoudre Phriné, se contenta de le montrer à ses juges.

MILORD. A propos, Meſſieurs, j'ai oublié de vous montrer ce matin ce tableau dont je vous ai parlé, & que je veux faire éxécuter en marbre à *Hagley-Park* dans une grotte délicieuſe. Que dites-vous, Monſeigneur, de cette idée ?

M. FABRETTI. Je dis que c'eſt fort beau ; mais qu'il eſt deux heures, deux heures ſonnées ; & qu'à quatre heures de relevée je le trouverai beaucoup mieux.

DIALOGUE VI.

MONSIEUR FABRETTI.

C'ÉTOIT une grande témérité d'imaginer avec vos ſeuls Sculpteurs vivans pouvoir balancer tous les nôtres, depuis la renaiſſance des Arts.

MILORD. Vous vouliez trop légérement, Monſieur Remi, vous paſſer de nos Peres, de cette ſucceſſion reſpectable de grands hommes, depuis les Gougeons & les Pilons.

M. REMI. Leur ſeul mérite eſt d'être nos anciens.

MILORD. Et d'être auſſi vos maîtres. Si pour le goût & la grace vous pouvez en approcher, (*o*) du moins pour le grand & le ſublime, Desjardins, Anguier,

(*o*) *Approcher*, eſt aſſez raiſonnable, ſi on compte bien depuis les Nayades de Gouſon, les Graces de Pylon, juſqu'aux Atalantes de Couſtou, les enfans de Sarrazin, &c. &c. ; mais pour le Grand nous ne ſommes que fort auxiliaires auprès de pareils combattants : pour ſeul point de comparaiſon, prenons les places ſi multipliées dans ce ſiécle. Y a-t-il une ſtatue comparable à celle de la Place-Victoire ?

le Pautre, le Gros & Puget feroient toujours vos modéles. (*p*)

M. REMI. A quoi bon tous ces éloges, fi toutes leurs forces réunies aux nôtres, ils n'ont pu nous obtenir la fupériorité ?

MILORD. Ils ont du moins fervi à la difputer.

M. FABRETTI. Il eft incroyable qu'ils ayent fi longtems fufpendu le fuffrage de Milord. Le Bernin, (*q*) l'Algardi, Roffi, Guilleaume Della Porta, ne l'avoient pas ébranlé ; mais Michel-Ange a paru, & le combat a fini.

M. REMI. C'eft une chofe inique d'avoir plutôt cédé aux Hercules Florentins, qu'aux Venus Françoifes. (*r*)

M. FABRETTI. J'ai vu le moment où elles l'emportoient fans cette attaque de Florentins faite fi à propos.

MILORD. Non, Monfeigneur, il faut plus de refforts pour élever l'ame que pour la féduire ; & je n'ai

(*p*) Je ne fçais pourquoi il ne cite pas Jean de Boulogne, qui quoique italien d'étude & de domicile, étoit françois de naiffance. Ainfi je le revendique au nom de la fculpture, pour le mettre à la tête de l'école.

(*q*) Le Bernin eft le premier à la vérité dans la maniere, mais point dans la nature. Il n'eft tranchant à citer que comme poëte. Les autres n'ont rien de décifif & nous avons leur valeur.

(*r*) Outre ce que nous avons cité, l'on trouve répandu dans les maifons royales nombre de morceaux qui établiffent la fupériorité de la France dans ce genre. La queftion feroit donc décidée contre l'Italie ; une venus, une grace étant plus difficile à rendre, qu'une nature fortement prononcée. Quoiqu'il faille une obfervation plus fine, les formes étant moins écrites, on les voit cependant avec de bons yeux. Elles font dans la nature, mais les formes de Michel-Ange font au deffus d'elle ; & il l'a élevée fans cependant en fortir. Alleg... a vu fes inimitables venus ; il a trouvé des modéles, mais il n'a jamais vu un trait, un cheveu du Moyfe.

jamais comparé la ceinture de Venus à la foudre de Jupiter. Si j'ai héſité, c'eſt que la France a auſſi ſes Hercules : ils ont fait des hommes, des héros & même des géants, & ſi l'Italie l'a emporté, c'eſt parce qu'elle a des Dieux. Au dernier coup de cizeau donné par Michel-Ange à ſon Moyſe, il dut tomber à ſes pieds, comme cet ancien ſculpteur à ceux de Jupiter, & trembler à la vue de ſon ouvrage : au reſte, Meſſieurs, ne prenez pas ceci pour un jugement ; mais pour une opinion demandée, & dites de bonne foi. C'eſt le ſort des choſes humaines, où ſouvent la difficulté de poſer des bornes fixes, rend à chacun le droit de ſuivre ſon goût & ſon ſentiment. Si les François ne reconnoiſſent pas les Italiens pour leurs maîtres, qu'ils les reſpectent du moins comme leurs aînés & leurs guides : maintenant, Monſieur Remi, ne nous reſte-il plus rien à voir.

M. REMI. Voilà encore une ſtatue qui nous avoit échappé.

M. FABRETTI. C'étoit une piéce aſſez indifférente au procès. Quel eſt donc ce ſujet ?

MILORD. Vous ne reconnoiſſez pas Pirrha, à ces pierres qu'elle jette pour peupler l'univers.

M. REMI. Elle eſt deſtinée pour M. le C. Gl.

M. FABRETTI. *Dic ut lapides iſti, panes fiant.*

M. REMI. Je vais, ſi vous le voulez bien, me procurer un petit dédommagement, & notre gravure va un peu me vanger de la ſculpture Italienne.

MILORD. Ah parbleu, Monſieur Remi, vous vous y prenez mal dans ce moment-ci, & je deviens partie.

M. REMI. Comment, Milord, ce début eſt bien brufque.

MILORD. Il ne l'eſt pas encore aſſez. Notre belle

édition de l'Ariofte de Baskerville; eh bien ils l'ont polluée par de maudites vignettes de ce pitoyable Eis... j'avois défendu expreffément qu'on l'employât: mais je me fuis fi fâché, que pour les derniers chants, il n'y aura rien de fa façon; il y a longtems qu'il nous infecte de fes deffeins: mais nous venons de le bannir honteufement de toutes nos preffes.

M. REMI. N'en parlons plus, il y a d'autres deffinateurs

MILORD. N'allez pas encore me citer votre Grav.. fon Taffe, fon Corneille & fes nombreufes infamies.

M. REMI. Il eft défunt le pauvre homme, fon ame eft en paradis.

MILORD. Le purgatoire ne fert donc de rien en France, & fes vignettes, & fes triftes culs-de-lampe auront donc été faits impunément: mais ne troublons pas les cendres des morts.

M. REMI. Voici des vivants dignes de vous occuper.

MILORD. Point du tout. Ils n'auront pas leur article à part. C'eft un honneur qu'on ne doit pas leur faire. Pour abréger, faifons un balot de tout-çà, deux paquêts des graveurs & des deffinateurs. Les premiers n'ont que de la main, des hachures & du poli; & les autres un peu d'agencement & quelque gout.

M. REMI. Je vous abandonne les petits graveurs de petites vignettes; mais pour les deffinateurs & les graveurs d'hiftoires, ils méritent, je crois, un peu plus de détails. Monfienr de Saint Aub. par exemple.

M. REMI. De petites vignettes, ou de petits deffeins d'un trait maigre & fec n'agrandiront pas fon talent. Il pourroit graver avec quelque goût; mais pour fe faire diftinguer, qu'il nous donne de grands fujets.

M. REMI. En voici d'autres dont vous n'aurez pas auſſi bon marché. L'agréable le Ba... le moëlleux Alia..

MILORD. Pour l'agréable le Ba... il devroit bien ſçavoir que les teniers plaiſent ſur tout par la touche & les effets, & que lui ne rend que les ſujets, qui à la longue ſont faſtidieux. Pour le ſuave Alia.. qu'il s'en tienne à ſa place Maubert, & qu'il ne vienne pas nous faire des bergeres.

M. REMI. Effectivement, il devroit les abandonner au ſuave l'Emp. dont voilà un charmant morceau d'après Monſieur Pie... (ſ)

MILORD. Comment eſt-ce qu'on le grave? La plaiſanterie eſt aſſez bonne. Qui croiroit qu'on eut jamais pu ſi bien aſſortir un pinceau & un burin?

M. REMI. Monſieur le Vas. a un peu plus de goût dans le choix de ſes originaux.

MILORD. C'eſt quelque choſe; mais il eſt trop froid & trop égal.

M. REMI. C'eſt un défaut que vous ne trouverez ſûrement pas dans notre profond Beauv... (*t*)

(*s*) Nos interlocuteurs ignorent ſûrement que M. Pi... a fait auſſi des vignettes. Ses amis lui avoient même conſeillé de s'addonner à ce genre, l'aſſurant qu'ils croyoient entrevoir qu'avec beaucoup d'étude, il pourroit à la longue avoir quelques ſuccès; mais il a voulu contre vents & marée être peintre.... O ambition, ... ô vaſtes penſées! *Quid non mortalia pectora cogis.*

(*t*) Par profond, il faut bien ſe garder d'entendre ſçavant dans l'art, mais profond ou creux dans ſes tailles; ce qui vient d'une opération de finance, pour en tirer des épreuves plus nombreuſes & plus noires. L'ami Beau.... calcule tout auſſi bien qu'un autre, & on le critiqueroit de toutes les manieres qu'il n'en creuſeroit pas une ligne de moins, & la multitude utile des eſtampes eſt un ſuffiſant dédommagement. La ſeule maniere de le rendre

MILORD. Le profond Beauv. . . aura beau creuſer avec indiſcrétion le cuivre deſtiné à défigurer les belles couſeuſes du Guide ; ſes tétes n'en ſeront pas moins lourdement deſſinées, & la fineſſe & les caractères de l'original abſolument traveſtis. Le Guide n'eſt pas fait pour ſon burin, qu'il laiſſe-là les géans. Les Raoux on les lui permet, mou, rond & peu ſçavant, il eſt plus à ſa portée. les teintes de ce Peintre ſont cependant fines & légéres ; qu'il nous en donne donc un eſtampe moins noire que la lecture Eſpagnole : car quand on a vu le tableau argentin de Vanloo, on ne peut ſoutenir cette gravure, où tout juſqu'au plus léger nuage eſt mauſſadement chargé de noir.

M. FABRETTI. Je ſuis tout étonné de vous entendre. Je croyois qu'il n'y avoit que la France pour les vignettes & la gravure.

M. REMI. Pour la fécondité du moins on ne peut pas nous la conteſter. Tout eſt plein de nos vignettes : Ei. . . en une ſerrée en rempliroit un in-folio.

MILORD. Je croyois que cet Ei. . . ne reparoîtroit plus. Qu'il en rempliſſe s'il veut les almanachs & les livres bleux. (*u*)

M. FABRETTI. Effectivement, je n'en ſerois pas étonné ; car on met des gravures partout.

MILORD. On fait mieux : on envoye chez un auteur un paquet d'eſtampes pour écrire d'après. (*x*)

plus clair & moins enfumé, c'eſt d'acheter ſes planches ; les épreuves n'étant pas ſur ſon compte, ce n'eſt plus le profond, c'eſt le ſuperficiel beau . . . . . .

(*u*) Il a déjà orné *l'Almanach des Bêtes*. C'eſt un heureux préjugé pour les autres.

(*x*) M. Duclos fit ſon acajou ſur les eſtampes. En Italie on met les mêmes paroles en muſique nouvelle : nos autheurs, à l'e-

M. REMI. Rien n'eſt sûr avec Milord. La poſſeſſion la plus paiſible n'eſt plus un titre. Monſeigneur nous rendoit hommage....

MILORD. C'eſt qu'il ne vous connoît pas.

M. FABRETTI. J'admirois un peu ſur parole; mais depuis que j'ai vu, je deviens moins admirateur.

MILORD. C'étoit un préjugé ; car poſons des principes, Monſieur Remi, & vous concluerez vous-même. Y a-t-il deux manieres de rendre les formes & les paſſions? la nature n'eſt-elle pas une? A préſent tous ces petits deſſeins qui vous paroiſſent charmans, aggrandiſſez-les, & vous verrez les incorrections devenir monſtrueuſe. Si les Jules Romains, les Pouſſins les euſſent fait...

M. REMI. Nos Meſſieurs ne ſont pas Peintres, ils ne ſont que deſſinateurs.

MILORD. Ni l'un ni l'autre.

M. REMI. Vous exceptez du moins l'immortel Monſienr Coc.

MILORD. Je n'excepte perſonne. Car dans Lucréce, ſon hiſtoire de France, & l'Arioſte dont je vous parlois tout à l'heure, il y a quelques jolies idées, quelques compoſitions heureuſes. Mais pour le reſte, le paſſage du petit au grand rend tout difforme ; rien n'y ſoutient cette pierre de touche, ni les plans ni les raccourcis, ni les effets.

M. FABRETTI. Malgré tous ſes défauts, nous n'avons rien en Italie qui le vaille.

xemple des Muſiciens, devroient remettre les mêmes vignettes en nouvelles paroles. Le public ſeul perd à cette confédération des écrivains & des graveurs. On vend deux choſes à la fois à beaucoup de gens qui tout au plus n'en acheteroient qu'une.

MILORD. Vous ne connoissez pas toutes vos richesses.

M. REMI. Voulez-vous être plus Italien qu'un Italien lui-même?

MILORD. Je suis Anglois pour notre chere liberté; mais de tous les pays pour le reste. Monseigneur ne vous céderoit rien, s'il connoissoit ce brave Cipriani. Plut à Dieu qu'il eut tout dessiné, & l'Arioste seroit un chef-d'œuvre en tous points; correction, caractéres, expression, tout s'y trouve pour la gravure, Bartholozzi l'a rendu comme un ange. Il y a aussi un Porp.... qui pour les grands sujets, est un graveur de la plus grande espérance. Ainsi, Monseigneur, voilà de quoi n'être plus si modeste.

M. REMI. Observez que la comparaison n'est pas juste, & que Cipriani est un Peintre.

MILORD. Parce qu'il est Peintre vous lui permettez de sçavoir dessiner, & s'il n'étoit que dessinateur vous trouverriez bon qu'il ne le sçut pas. Voilà précisément l'origine du mal: C'est ce que chez vous les dessinateurs font une classe à part; que vos grands Artistes fassent les desseins. Si j'avois un livre à embellir, ce ne sont pas vos Mar... vos Mon... (*y*) vos Coc.. mais vos premiers Peintres & Sculpteurs à qui je m'adresserois.

M. FABRETTI. Vous feriez comme on faisoit autrefois; les Guides, les Carraches ornoient souvent nos livres: aussi leurs plus petites vignettes sont des études pour les Artistes.

M. REMI. Vous me trouvez bien tenace; mais je

(*y*) Quoique M. Mon.... soit peintre & fasse de médiocres vignettes, il ne faut pas conclure que ses tableaux soient également médiocres : on se rappelle avec la plus universelle compassion ses ouvrages au dernier sallon. Quand il voudra exciter un autre sentiment, qu'il ressuscite le St. Augustin qui l'avoit autrefois si bien annoncé.

ne me rends pas encore ſur l'article de M. Coc.. vous avez cité bien des choſes qui ne ſont pas ici ; ne le jugez, je vous prie, que ſur ſes charmans deſſeins deſtinés pour le Télémaque.

MILORD. Ces compoſitions ne ſont pas ſans quelque mérite, mais vous voyez qu'elles ſont ſi chargées de figures, qu'elles ont plus l'air d'une portion de deſſein, que d'un ſujet entier. D'ailleurs avec ce ſeul talent de deſſiner du petit, il ne ſçait pas donner à chaque figure ſon caractére propre. Elles ſe reſſemblent toutes par-là, ainſi que par les formes.

M. FABRETTI. C'eſt un défaut dont un Peintre habile ſçauroit ſe garantir, & ce ſeroit bien plus eſſentiel que l'art de faire de petits deſſeins bien froidement finis.

M. REMI. Puiſque vous enlevez le crayon à tous nos illuſtres, le burin reſtera du moins aux graveurs.

MILORD. Pas plus : & qu'il leur tombe des mains, en voyant les Audrans, les Drevets, les Edelinck, les Paillis, &c. pour traiter comme eux les grands ſujets, il faudroit ſuivre la même route. C'eſt par l'étude de l'antique & de la nature qu'ils avoient appris à rendre leurs originaux. Tout ce qui n'eſt pas deſſein & ſentiment en gravure, n'eſt qu'un mérite ſuperficiel. Que vos modernes cherchent donc plus à ſentir qu'à polir, & qu'ils ne croyent pas dédommager du *rendu*, par la petite exactitude & le froid ménagement des foibles : mais nous voilà depuis bien longtems ſur ce ſujet, je crois que tout eſt fini.

M. REMI. Actuellement que vous avez tout vu, je voudrois bien ſçavoir l'idée que Monſeigneur rapportera de nous en Italie. Quelle eſt l'impreſſion générale, le jugement qui lui reſte ſur notre école.

M. FABRETTI. Il ne peut être que flatteur. L'opinion de Milord ſur vos ſculpteurs eſt devenue la mienne.

Ce

Ce n'eſt que parmi nos anciens que nous pouvons leur trouver des rivaux. Vous avez eu les plus grands hommes, & ſi nous l'emportons ſur eux, ce n'eſt que par un ſeul. (z) La génération actuelle ſoutiendra l'honneur de votre Académie, ſi toujours en garde contre la maniere, elle cherche à rendre la nature avec choix, grandeur & ſimplicité : vous êtes dignes de vos peres, & nous ne le ſommes plus des nôtres.

M. REMI. Voilà donc un article convenu. Sur la Peinture, devons-nous attendre les mêmes hommages ?

M. FABRETTI. La Sculpture eſt un art dont le réſultat eſt plus parfait que celui du Peintre : partout on peut méſurer & vérifier parce que tout eſt réel & palpable ; au lieu qu'en Peinture tout eſt ſujet à erreurs, parce que rien ne s'y rend ſans raccourcis ni perſpective. Malgré les fables ſur la peinture Grecque, leurs ſculptures valoient ſûrement mieux, parce que la couleur, les effets ſont en outre des difficultés que les Peintres ont à vaincre ; ainſi vous ne devez pas attendre les mêmes compliments.

MILORD. Laiſſons les compliments.

M. FABRETTI. Il eſt étonnant combien il y a de variété dans les talents de votre école : ruines, pay-

(z) Homere ſuffit à la Grece, pour triompher de toute la poſtérité. Nous avons eu de plus grands hommes & en plus grand nombre que l'Italie. Depuis le St. Sébaſtien de Génes juſques au milieu de Rome, les plus belles ſtatues de Saints ſont françoiſes : S. André, S. Bruno, S. Thomas & S. Barthelemi atteſtent à S. Pierre & à S. Jean-de-Latran la ſupériorité de nos Artiſtes. On doit s'étonner de toutes les richeſſes que nous avons ici. Les fleuves des Thuileries. L'Hercule & le Milon du Puget, l'Anchiſe de le Pantre, la porte S. Denis ; le grouppe de la place des Victoires, qui pour la penſée & l'exécution eſt le plus beau monument de ce genre dans les quatre parties du monde. Mais tout cela cependant n'eſt que de la nature humaine. Michel-Ange a fait autre choſe. Tous nos ſculpteurs amplifient l'imagination : Michel-Ange l'exalte. Il ſouleve ſon homme & lui fait perdre terre.

ſages, ſujets domeſtiques, tout eſt traité ſupérieurement.

MILORD. Je ne ſçai pas par où finira ce détour.

M. FABRETTI. Vous avez un grand nombre d'Artiſtes eſtimables. Nous avouerions ſans crainte les Gre... les Ver... les Char... &c. & leurs chefs-d'œuvres ſervient les délices de nos petits cabinets.

MILORD. Et qu'eſt-ce qui feroit les délices de vos grandes galeries ?

M. FABRETTI. Vous voyez, Monſieur Remi, que malgré les critiques que je me ſuis quelquefois permiſes, je me prépare à vous rendre en Italie un juſte témoignage. Milord, quels ſont vos projets pour la ſoirée ?

MILORD. Vous vous mocquez de nous. Monſieur Remi vous demande tout franchement votre opinion ſur l'école Françoiſe, & vous prenez des détours, vous parlez ruines, payſages... & l'hiſtoire, l'hiſtoire n'eſt donc rien ? Mes ſeuls projets ſont de vous entendre ſur ce point.

M. FABRETTI. Le ſilence eſt une maniere de parler.

MILORD. Cette maniere eſt trop diſcrette pour le moment.

M. FABRETTI. Il eſt difficile d'être honnête & vrai en même tems.

MILORD. Il ſuffit d'être vrai. Allons des crudités, ſi elles ſont néceſſaires.

M. FABRETTI. Je vous avouerai donc qu'avec de mauvais tableaux, vous avez cependant d'habiles gens ; ſi le bon goût régnoit en France, vous pourriez avoir de l'hiſtoire.

MILORD. Ceci vraiment eſt un peu plus clair, & va aſſez droit au fait.

M. REMI. Pour avoir un jugement fixe ſur les différentes parties : je vous prie, d'abord ſur la compoſition....

M. FABRETTI. Je crois que ſur la compoſition vous n'avez que des idées, des choſes d'agrémens, des riens de goût & d'agencement, plus d'attention à éviter de petits défauts que de recherches des grandes beautés : la crainte d'un angle droit, d'une légére ſimétrie occupe plus que l'expreſſion d'une grande ſcène. Enfin il y a plus de *convenu* que de véritables principes, & c'eſt la ſource de l'éternelle monotonie, de ces tableaux de l'École militaire qui ont l'air d'être compoſés par le même homme.

M. REMI. Et ſur les autres parties, trouvez-vous, par exemple que ſur le deſſein nos Artiſtes ſentent l'antique?

M. FABRETTI. C'eſt un des points qui m'a le plus notablement ſcandaliſé. Ils ne ſentent ni l'antique ni la nature. Aulieu de puiſer dans cette ſource la correction, la grandeur & la vérité, ils cherchent plutôt à ſe procurer une certaine tournure de forme & un certain goût de deſſein.

M. REMI. Il y a un mot conſacré pour cela, Monſeigneur, c'eſt une routine de donner ce qu'ils appellent *le tour à la figure*. Cette pratique a bien ſon mérite ; ils ont ce feu, cette déciſion, & cette vérité qu'accompagnent l'exacte imitation de la nature.

M. FABRETTI. Vous vous trompez, ils n'ont rien de tout-çà. L'Eſpagnolet & le Caravage étoient vrais, parce que ſcrupuleux imitateurs, ils n'avoient d'autres incorrections que celles de la nature, & la rendoient ſans choix, telle qu'elle étoit : mais dans votre école, ils n'ont pas cette vérité même dans les incorrections, parce qu'ils ne copient pas la nature avec préciſion, mais ſelon les idées qu'ils s'en font.

M. REMI. Il y en a cependant pluſieurs qui connoiſſent les formes & copient la nature avec vérité.

M. FABRETTI. Oui, mais alors ſans choix & ſans grandeur : j'avoue que quelquefois ils placent le modèle dans leurs tableaux ; mais c'eſt toujours le même homme que vous retrouverez partout.

Pour les *caractères*, ils ſont perdus. Ce n'eſt pas par eux qu'ils diſtinguent les rangs & les qualités. Un Roi, un Soldat, un Pontife, ont la même figure.

Pour *l'expreſſion* je ne vous en parle pas. De même que leurs *caractères* ne ſont que dans les habits, leurs *paſſions* ne ſont pas dans l'ame. Le Dominiquin qui connoiſſoit cette ame, avoit un langage pour rendre ſes mouvemens & leurs nuances ; il en pénétroit toutes ſes figures, & dans les attitudes les plus ſimples, elles exprimoient les ſentimens les plus profonds : mais vos Artiſtes ne ſçachant pas ainſi répandre une paſſion dans toute la perſonne, elle devient locale. Ils ont lu quelque part que l'indignation ſe rend par le ſourcil froncé, l'étonnement par la bouche ouverte, la modeſtie par les yeux baiſſés ; avec cette recette, ils éxécutent des grimaces, & voilà ce qu'ils appellent exprimer des paſſions. (*a*)

M. REMI. Je crois que ſur le coloris on peut vous interroger avec plus de confiance.

M. FABRETTI. Montrez-moi donc de la chair, car on en voit bien peu ici. Pour toute expérience, pre-

(*a*) L'auteur de l'article *paſſions* dans l'Encyclopédie ſe plaint de la difficulté qu'il y a de les obſerver. *Dans une capitale où tous les hommes conviennent de paroître n'en reſſentir aucune, où la nature n'eſt pas parée de la franchiſe qui a le droit d'intéreſſer l'ame & d'occuper les ſens.* Il écrivoit ſans doute du cabinet du Roi. Qu'il aille aux halles, ſur le port, dans les places publiques, il verra qu'on n'eſt convenu de rien. Ceci tout naturellement eſt un petit artifice d'auteur, pour augmenter le prix de ſon charmant répertoire ſur l'expreſſion des paſſions. On y lit par exemple que dans l'affliction, la joie, l'amour, &c. &c. *L'humeur qui ſe forme naturellement dans le nez devient plus abondant.*

nez un Vénitien, & portez-le tout au tour du salon; comme vous verrez fuir & tomber à l'approche toutes les enluminures. Ils ne colorient pas sur le même principe qu'ils ne dessinent point. Tout sort de l'imagination. L'un est jaune, l'autre rouge ou gris, selon son goût, & la nature n'est nulle part.

Quoique les Romains ne soient pas à citer, nous sommes sur cette partie moins éloigné que vous: un coloris nul est plus près de la nature qu'un coloris systématique. Nos maîtres ont débuté par la forme, le caractère & l'expression, & comme la nature est immense ils n'ont pu aller jusqu'au bout. Ce qu'ils n'ont pas étudié, ils ne l'ont point assuré, le laissant comme une pierre d'attente, une chose à revoir: & Raphaël écrivoit quelque tems avant sa mort, qu'il alloit désormais travailler à faire de la chair.

MILORD. Cependant pour la couleur il auroit pu citer sa transfiguration, & quelques figures au Vatican, qu'un Vénitien ne désavoueroit pas.

M. FABRETTI. Pour le clair-obscur il ne l'entendoit pas.

M. REMI. Les seuls Vénitiens l'ont entendu.

M. FABRETTI. Oui pour chaque grouppe en particulier, mais pour l'effet général d'une grande machine, je vous avouerai, sans préjugé national, que les Flamans sont souvent leurs maîtres.

M. REMI. Je suis fâché de ne pas vous voir mieux disposé sur le coloris que sur la forme, car on trouve assez généralement que nos tableaux font de l'effet: on en est frappé, on s'arrête.

M. FABRETTI. Comme à mon arrivée à Paris, j'étois frappé des visages de carmin, des cheveux d'or, des sourcils d'ébène, des gorges de blanc d'Espagne. Ce n'étoit pas l'admiration & l'étonnement du beau, mais sa

singularité. Ce débordement de jaune & de rouge, ce cliquetis de couleurs ne sont pas faits pour séduire ; on s'arrête un moment pour s'enfuir à jamais.

Vous avez voulu de la franchise, Monsieur Remi, en voilà. Je ne juge que ce salon, j'imagine qu'ailleurs vous mériteriez plus d'éloges.

MILORD. Ailleurs vous courreriez grand risque de rencontrer la même peinture.

M. FABRETTI. Après avoir admiré l'ancienne peinture Françoise, je ne sçai comment on a pu tomber à la nouvelle. Pour remonter aux causes, vous qui connoissez si bien cette école, vous devriez bien, Milord, me dire quelque chose sur sa marche.

MILORD. Sans remonter à François premier, (*b*) qui appella les Primatices & les Rossi, pour venir fonder la Peinture en France. Prenez pour son premier âge ce siécle célébre où tous les arts & les sciences se développerent à la fois comme une seconde renaissance ; Poussin, le Brun, le Sueur, Mignard, &c. sont la premiere époque, & l'âge d'or de la Peinture. On n'appercevoit pas dans leurs ouvrages une grande connoissance de la couleur & des effets, le pittoresque des compositions s'y trouvoit plus par hazard que par principes. Leur but seul étoit de rendre le sujet, & l'expression générale de la scène. Outre la plus grande poësie dans l'invention, on reconnoissoit dans les caractéres, les expressions & les draperies, le goût &

(*b*) Ce Prince avoit fait de Fontainebleau le séjour des Arts : les jeunes artistes y alloient comme ils vont aujourd'hui à Rome. Les galeries étoient des atteliers où l'on ne voyoit que porte-feuilles & chevalets : à présent le spectacle en est bien plus intéressant, & l'on découvre un étalage de casseroles, de ragoûts & de compotes ; la fumée de charbon est l'encens dont on parfume les grands maîtres. Je crois que si François premier revenoit, saisi d'une sainte colere, il chasseroit les marmitons, comme Notre Seigneur chassa les marchands de son temple.

les recherches des Raphaëls & des Carraches. Quelqu'uns tels que Blanchard, & quelquefois Bourdon & la Hire se distinguoient par la couleur & rappelloient l'école de Venise. (c)

A cet âge succédérent les Boullognes, les Coypels, (d) Jouvenet, la Fosse, &c. Les premiers tenoient encore au premier tems, & se ressentoient de l'antique & de l'école Romaine, dont les Coypels déchurent, en conservant cependant de belles idées dans leurs compositions, & de la finesse dans leurs expressions. Jouvenet ne rendoit pas les passions, mais dessinateur fort, quoique sans choix dans ses formes, grand & fougueux dans ses compositions. Son goût pour la marche pittoresque lui fit souvent sacrifier le caractére propre du sujet. Son pinceau fut fier, mais égal. Il eut du goût dans le jet de ses draperies, mais peu de variété dans leurs plis. La Fosse, coloriste chaud & maniéré, compositeur ingénieux, plein de goût pour les agencemens, sans quelques partisans des anciens auroit fait oublier dans l'école la noblesse, la grace & le choix des formes, la vérité des étoffes & le charme du pinceau ; (e) mais il prépara le troisieme âge, dont les principaux chefs furent le Moyne & Detroy ; dès-lors le goût antique fut ouvertement abandonné. Le seul Carle Vanloo conserva au milieu de la contagion un stile assez grand, des plans simples, des mouvemens & des drapperies vrais. S'il fait désirer une marche plus vive, des caractéres plus forts, une couleur plus piquante, du

(c) Ils n'ont pas toujours été égaux ; mais dans le Saint Pierre à Notre-Dame & le Saint Barthelemi à Saint Jacques, on trouvera le Bourdon & la Hyre, les plus vigoureux Vénitiens qui existent.

(d) Il ne faut pas confondre avec eux Antoine Coypel, contemporain & imitateur de très-près de la maniere du Poussin.

(e) Pour l'apprécier, qu'on le compare aux Invalides avec les Boullognes.

moins n'eut-il rien de faux. Jusque-là l'école de Paris, celle de Rome & de Venise, n'étoient que différentes vues de la nature, elles avoient des principes communs. Mais on vit se préparer une nouvelle Académie, une composition, un dessein, un coloris purement françois; enfin Bou.... en devint le fondateur. Les grands maîtres étoient trop froids, la nature trop sévére & trop simple pour son génie, il inventa une couleur & des formes nouvelles.

M. REMI. Voilà effectivement l'auteur de tout ce que vous voyez, & son histoire est celle de la Peinture.

M. FABRETTI. J'ai cependant vu de lui des croquis délicieux.

M. REMI. Tout le monde couroit après ses ouvrages.

MILORD. Sûrement, toutes les femmes vouloient un boudoir de sa façon; parce qu'effectivement jamais mortel ne grouppa mieux deux ou trois amours, quelques bergeres, ou quelques nymphes.

M. REMI. Il est vrai qu'on n'a jamais mieux entendu la composition.

MILORD. *Composition!* ce mot veut qu'on l'explique. Quand je dis un boudoir, un dessus de porte, je ne dis pas une galerie, ni un plafond.

M. REMI. Nous avons de grands sujets de lui.

MILORD. Sans grandes idées & sans principes, il avoit le goût, l'instinct le plus heureux, & cela suffit pour de petites choses: mais il faut bien d'autres moyens pour faire menacer Neptune, & tonner Jupiter. Quand il s'est égaré dans de grandes machines, son génie sans nerf & sans caractére n'étant qu'aimable & gracieux, vouloit l'être par-tout, dans des martyrs, comme dans les amours de Psiché.

M. REMI. J'avoue que ce n'étoit le Peintre ni des Héros, ni des Dieux, mais bien celui des Graces.

MILORD. Pas du tout. Il avoit de la grace, mais point des graces, qui ſimples, nobles, répandues dans toute la nature ſont dans la forme, l'expreſſion, le caractére & tous les mouvemens. C'étoit ſans doute celles d'Appelle dont héritérent le Corrége & l'Albane; mais Bou. n'avoit que la grace d'attitude & d'agencement, & dans les ajuſtemens un déſordre, un chiffonage qui n'étoit que plaiſant.

M. REMI. Il faut donc s'en tenir à ſes deſſeins dont parloit Monſeigneur.

MILORD. Vous le faites parler. Il a dit des croquis, où l'on ſe contente du pittoreſque & de l'agencement, qui étoit ſon ſeul talent. Dans un deſſein on peut montrer les grandes parties; Je les ſuppoſois ſans les voir dans les légéres eſquiſſes de Monſieur Bou... parce que frappé des jolies choſes qu'on y rencontre, & les joignant à ſa réputation, je croyois qu'il avoit tout dans l'éxécution: mais dans ſon coloris y avoit-il quelque choſe à remarquer?

MILORD. Je vous en ai dit aſſez. Imaginez ce qu'il peut être. Quand on peint de tête, on eſt idéal ſur tout: on fait des chairs de fantaiſie. Monſieur Bou... n'empruntoit que de ſon imagination, ſans études, ſans obſervations, toujours prêt à peindre; il n'y a pas de maiſon où il n'y ait quelque choſe de lui.

M. FABRETTI. J'imagine que les Artiſtes devoient du moins le fuir comme un peſtiféré.

MILORD. On ne vouloit être armé Peintre que par lui. Jamais école ne fut plus nombreuſe; vous devinez bien le plan & la marche des études; on ne s'amuſoit pas aux longs préliminaires. Je vous dirai en ſomme qu'on ne deſſinoit que lui, (*f*) qu'on fardoit la nature aulieu de l'imiter, & que l'antique & les anciens maîtres ſévérement bannis, la Peinture étoit en entier livrée au goût & à l'imagination. L'art ainſi ſimplifié, dépouillé de la ſévérité des régles trouvoit plus de ſectateur, & les jeunes Artiſtes entroient en foule dans cette carriere facile, qui les prématurant, les rendoit maîtres de ſi bonne heure. Comme le goût eſt un préſent de la nature, quelques-uns ſe trouvoient peintres en prenant le pinceau & créoient ſans avoir rien appris. Alors on n'entendit plus retentir dans l'école que compoſition pittoreſque, agencement, liberté, franchiſe, agrément, gaïté de coloris; & l'on appella froid & péſant ce Dominiquin, qui les yeux bien ouverts craint que le trait ne lui échappe, médite une expreſſion, plus long à concevoir qu'à produire, tremble de manquer la nature, & de lui ſubſtituer ce qu'elle ne montre pas. Voilà enfin l'époque du faux eſprit, du bavardage & du galimathias en peinture: car vous ſçavez, *ut Pictura poëſis erit.*

M. REMI. Je n'entend pas ce latin-là.

M. FABRETTI. Il veut dire qu'un habile homme ne parle qu'après avoir médité; qu'un rimeur facile plein de mots & vuide de penſées, eſt comme un Peintre ſans étude ni réflexion; qu'il eſt aiſé de barbouiller, mais difficile d'écrire; qu'un bavard parle aiſément par impuiſſance de ſe taire, comme un Peintre peinture facilement quand il ne connoît pas la difficulté de peindre.

M. REMI. Voilà bien du françois pour ſi peu de latin.

(*f*) C'eſt d'après les principes de cette école qu'on précautionne au mot *deſſein* de l'Encyclopédie contre l'étude de l'antique, & qu'on réduit *eſſentiellement* le deſſein à l'art, *de faire gliſſer le poignet ſur le papier pour le parcourir, en ſe portant ſans roideur d'un côté & d'autre, armé d'un crayon de ſanguine aiguiſé avec un canif enchaſſé dans un porte-crayon long d'environ un demi pied, à tuyau de cuivre, du diametre, d'une groſſe plume*, &c. &c. &c.

M. FABRETTI. Je ſuis étonné du progrès de la contagion, malgré le commerce avec Rome.

M. REMI. Ce n'eſt plus que par forme qu'on y va, & vous le voyez bien. S'apperçoit-on de ce voyage? (g)

MILORD. On part d'ici avec des idées arrêtées & des ſyſtêmes, & Rome ne peut plus les inſtruire.

M. FABRETTI. Il y a un ſéjour de pluſieurs années qui ne peut pas être inutile.

M. REMI. J'ai oui dire qu'il étoit rare de trouver nos jeunes gens au Vatican, au Palais Farnèſe.

M. FABRETTI. Cela n'eſt pas poſſible.

MILORD. Je veux être condamné à ne voir que leurs tableaux de ma vie, ſi vous trouvez dans leurs porte-feuilles une étude d'après Raphaël, ou les Carraches.

M. REMI. Il eſt étonnant, Monſeigneur, que vous ne ſçachiez pas ce qui ſe fait chez vous.

MILORD. Meſſieurs les Italiens ſont comme ces maîtres de maiſon, ſi contens de leur perſonne, que quand on les perſifle, ils croyent que c'eſt un hommage qu'on leur rend. Dites-lui franchement ce qu'on penſe ici de leur école Romaine.

M. REMI. Pour remonter à la ſource: il y a quelques vrais adorateurs qui ne jurent que par l'antique & l'Italie; mais vous ſçavez que les élus ſont le petit nombre. On cite quelques morceaux célébres, le reſte paſſe

(g) Les inſtructions de M. Boucher à un penſionnaire partant pour Rome, portoient ordinairement d'aller une fois au Vatican pour voir ce que c'étoit, & de n'avoir de liaiſon qu'avec les *Ciroferri, les Bacicio* & *Pietro de Cortone*. Leurs ouvrages à la vérité ſont très-utiles, mais comme ces livres dangéreux qu'on ne doit lire que quand on a des principes.

pour bien froid & bien ſec, & l'antique tout antique qu'il eſt, a ſes Pie... ſes...

M. FABRETTI. Il ne les a pas, & leur médiocrité, ſelon votre Comte de Caylus, eſt même reſpectable, parce que c'eſt toujours la nature plus ou moins bien rendue ſelon les talents de l'Artiſte.

MILORD. Laiſſez l'antique, rapprochez-vous, Monſieur Remi, parlez-lui des Italiens.

M. REMI. Si vous en demandez des nouvelles, on vous en dira du bien, parce qu'on eſt honnête ici comme ailleurs; mais vous voyez par les tableaux qu'on n'en penſe pas; & à parler à cœur ouvert, je vous dirai que c'eſt de la vieille école, du ſtile ſuranné, de la décrépitude en peinture.

M. FABRETTI. *Corpo di Bacco*, les Raphaels, les Dominiquins, les Carraches!

M. REMI. Pour les plus reſpectueux, leurs ouvrages ne ſont que des matériaux, qu'on ne peut mettre en œuvre qu'en leur donnant *le tour*.

M. FABRETTI. Quand un Artiſte ſe préſente à l'Académie, on ne lui demande pas quelques mots de profeſſion de foi ſur nos chefs-d'œuvres.

M. REMI. Vous avez oublié les mots propres; nous les avons cependant aſſez répétés. *Tartouillis*, *torcher*, *les lâchés*, *ragoût de couleur*, *donner* ſurtout *le tour*; voilà ce qu'il ne faudroit pas oublier pour nous entendre.

M. FABRETTI. Le peu de Romains qu'il y a parmi vous s'oppoſe du moins à la corruption générale.

M. REMI. On ne les écoute pas.

M. FABRETTI. J'ai pourtant ouï parler d'une réforme, & les portes de l'Académie ſont fermées hermétiquement depuis deux ans, on ne doit les ouvrir que l'année sainte.

MILORD. Cette clôture ne remédie à rien, si on ne va pas à la racine du mal, il faudroit ce qu'on appelle, écheniller, pour réparer cet heureux tems de paix & de facilité où tout le monde étoit de l'Académie.

M. FABRETTI. L'époque est-elle ancienne?

M. REMI. Ce fut sous Monsieur Bou. premier Peintre du Roi.

M. FABRETTI. Je croyois que les Peintres de genre ne pouvoient jamais prétendre à ce titre.

MILORD. Il étoit Peintre d'histoires, & des plus grandes histoires anciennes & modernes, grecques, latines, égyptiennes, prophanes & sacrées.

M. REMI. Ne lui reprochez rien; ce n'étoit pas lui qui s'en mêloit, & Monsieur Coch. seul faisoit la bésogne.

MILORD. Comment, un *Estampier* jugeoit la Peinture!

M. FABRETTI. J'ai lu de lui un voyage d'Italie, où quoique ses jugemens particuliers soient mauvais, cependant sur le goût des écoles, il n'a absolument pas mal copié ce que nos habiles auteurs en ont écrit.

MILORD. Si je m'en souviens bien, il ne fait pas trop de cas de l'école Romaine.

M. FABRETTI. Il n'en parle presque pas, par une sage défiance, un respect....

MILORD. Le respect est bien imaginé. Ces Messieurs vous respectent fort peu.

M. FABRETTI. Cette réforme de l'Académie est cependant un hommage qu'on nous rend.

M. REMI. Vous n'avez pas saisi, Monseigneur, l'esprit de cette réforme. Ce n'est pas pour fermer l'entrée à cette nuée de monoyeurs, de peintureurs en grand, en petit, en miniature, en émail ; le vrai but est de faire une faveur de ce qui devroit être une justice. Monsieur Pie.... se ménage par-là des graces à accorder, parce que c'est par lui, & non par les talents qu'on peut entrer dans l'Académie ; car lorsque les Bon... les Jol.... les Tar.... frappent à la porte, les deux battans leurs sont ouverts.

MILORD. C'est une playe de l'Égypte que cette école de Monsieur Pie... *(b)*

M. FABRETTI. J'avois cru que c'étoit pour que Rome & les anciens revinssent en honneur.

MILORD. Mon Dieu ! laissez-là Rome & les anciens. Les préjugés nationnaux ne peuvent donc se dépouiller ? Le seul moyen de vous en tirer, Monsieur Remi, est de lui dire les gros mots. Si Raphaël venoit en France seroit-il de l'Académie royale de Peinture ?

M. REMI. La réponse est aisée, il n'est pas coloriste, & vous sçavez qu'on veut de la couleur.

M. FABRETTI. Mais il est dessinateur.

M. REMI. Tant que vous voudrez : mais il auroit contre lui tous ceux qui ne le sont pas ; c'est assûrément

(*b*) En lisant d'abord ces dialogues, j'ai trouvé que Monsieur Pie... revenoit trop souvent ; qu'il ne falloit pas s'acharner sur un mort, & que ce refrein perpétuel est à Paris d'un mauvais goût. Un Anglois s'embarasse peu d'avoir ce que nous appellons le bon ton ; ainsi je ne prétend pas l'excuser : cependant je dois prévenir que sous peu on verra l'urgente nécessité d'avoir si fortement insisté sur Monsieur Pie... Je ne serois pas même étonné qu'on trouvât que ce Milord à peut-être encore usé d'un coupable ménagement. Tant il est vrai que dans les choses humaines il ne faut pas se presser de juger. *In omnibus expecta finem.*

le grand nombre, puiſque ſelon vous, nous ne deſſinons pas.

MILORD. Voilà donc l'école Romaine expédiée; & le Titien ſeroit-il plus heureux?

M. REMI. Bien moins. Il eſt incorrect, & trouveroit contre lui tous les prétendans au deſſein; mais ce moyen ne ſeroit qu'auxiliaire, & la couleur ſuffiroit pour le bannir. Vous trouvez que la nôtre eſt idéale, la vraie n'eſt donc pas l'académique. Le Titien n'a pas ces tons neufs & pétillans qu'on a trouvé depuis; & vous voyez dès-lors qu'il n'auroit de reſſource qu'à l'Académie de Saint Luc.

MILORD. Ceci vous embaraſſe; vous êtes étonné.

M. FABRETTI. Je crois que vous vous entendez pour me turlupiner.

M. REMI. Je ne ſuis pas ici, Monſeigneur, pour vous en impoſer, & les tableaux que vous voyez ſont à l'appui de tout ce que je dis.

M. FABRETTI. Je ne puis me le perſuader. Notre cauſe eſt trop liée à celle de vos propres grands hommes, puiſque les Pouſſins, les le Bruns & les le Sueurs ſont en honneur parmi vous. Vous imitez ſûrement l'admiration que ces grands Artiſtes avoient pour les nôtres.

M. REMI. Vous auriez en effet toute raiſon de vous plaindre; mais ils n'ont pas de préjugés, & traitent les nationnaux comme les étrangers.

M. FABRETTI. On ne ſe proſterne donc plus devant ces génies, dont on devroit dire comme Quintilien de Cicéron, qu'on n'eſt Peintre qu'à meſure qu'on a du goût pour eux.

MILORD. Encore un coup, Quintilien & Ciceron

ne vous feront pas ici d'un grand fécours. Une bonne fois pour toutes, gravez-vous bien dans la mémoire que cette ancienne admiration, ces hommages pour votre école, font mifes au rang des vielles erreurs. Vous êtes à Paris & point à Rome.

M. FABRETTI. Nous n'avons pas befoin de leurs fuffrages pour notre gloire.

MILORD. Ils nont pas béfoin des vôtres pour être employés, & faire des tableaux comme vous voyez.

M. FABRETTI. Les Zoiles ne font qu'ajoûter à la gloire d'Homere, & les Dieux n'entendent pas de l'olympe les cris de leurs obfcurs blafphémateurs.

MILORD. Oh oh! Voilà de l'épique & du fublime.

M. FABRETTI. Nous n'en avons pas moins des chefs-d'œuvres, malgré les abfurdités des borgnes & des aveugles.

MILORD. Ceci approche plus de la profe & fent fon difcours familer.

M. FABRETTI. Voilà un bien mauvais ton de plaifanterie.

MILORD. L'humeur vous gagne à ce qui me paroît, & vous avez befoin de prendre l'air, allons faire un tour de Palais Royal..

DIALOGUE

DIALOGUE VII.

MILORD.

EH bien, Monſeigneur, commencez-vous un peu à vous remettre ; le grand air eſt ſouverain en pareil cas.

M. FABRETTI. Je n'avois pas beſoin de ſes bons effets.

MILORD. J'entre dans votre peine. Je conçois qu'il eſt dur à un certain âge d'être obligé de recommencer & après avoir admiré les anciens d'en venir aux Pie... & compagnie : mais il n'y a rien de déſeſpéré & vous pourrez vous mettre ſur le courant.

Vous êtes jeune encore & l'on peut vous inſtruire. Racine.

M. FABRETTI. Il eſt bien permis à la fin de montrer quelque chaleur.

MILORD. Cela eſt vrai, vous vous conteniez dans le commencement ; vous me laiſſiez la béſogne tant que vous croyez votre Rome en ſûreté & que cette indifférence pour les anciens n'étoit que le vice de quelques Artiſtes : mais quand vous avez vu que c'étoit un ſyſtême, un dogme académique, alors le ſang-froid a diſparu, & nous avons changé de rôle.

M. FABRETTI. Mais il me ſemble que dès le commencement vous avez encore plus....

MILORD. Pour nous autres Anglois, nous n'avons pas de prétentions d'école, ou plutôt nous ne devrions pas en avoir. (*i*) L'habitude d'ailleurs d'être bruſque, & d'ap-

(*i*) Cet Anglois eſt encore plus ſans préjugés que le commun de ſes compatriotes, qui ont toujours la meilleure idée des productions nationales. Il y a à Londres deux ou trois ſalons par an où ils vont s'extaſier ſur leurs Artiſtes, ne leur en déplaiſe, il

peller les choses par leur nom, fait qu'on appelle un chat un chat, & Pie un barbouilleur; ce sont-là nos menus propos, nos conversations les plus simples; mais pour vous autres Italiens à tournures & à périphrases, c'est plus étonnant, & je ne m'attendois pas que le feu prît aux poudres si rapidement. N'est-ce pas, Monsieur Remi?

M. REMI. Franchement, Milord, la proposition du Palais Royal est venue fort à propos.

M. FABRETTI. Pourquoi donc, le zèle pour les Arts vous déplaîroit-il? Trouvez-vous que l'école Françoise gagne au goût actuel?

MILORD. Je ne sçai si elle y gagne, mais nous y gagnons beaucoup. Grace à ce genre-là, les étrangers ont bien fait leurs affaires à Paris. Nous l'avons dépouillé, & vous ne trouveriez pas chez les marchands un tableau un peu capital des maîtres d'Italie.

M. FABRETTI. Je le crois bien, tous ceux qui en possédent n'ont garde de s'en défaire.

M. REMI. Ce n'est pas la raison; on les vend comme tristes & tenant une place énorme, & on met vingt petits Flamans à la place qu'occupoit un grand vilain Guide, ou un Raphaël.

MILORD. Vous n'avez pas même à vous plaindre, ils y vont de bonne foi, & ne sont pas plus attachés aux François qu'aux Italiens. S'il y a un beau le Sueur, un le Brun, fut-il dans une Église, (k) il est aisé de se le pro-

y auroit de rudes Dialogues à faire sur leur peintures. Ils n'ont quelque chose que dans les portraits; les Arts y marchent à pas lent, & même à pas rétrogradés. Les Peintres n'ont jamais eu le génie de la nation, bien éloignés de leurs Poëtes, qui dans leur sublime, comme dans leurs absurdités ont un caractère particulier. Mais les tableaux n'offrent qu'un mauvais qui peut être de tous les pays.

(k) Les Églises jusqu'ici avoient été regardées comme des

curer. Il y a un Bourdon & un Blanchard à Notre-Dame, qui j'espere, ne m'échapperont pas. (*l*)

M. FABRETTI. Il y a cependant ici des amateurs du vieux stile, & j'ai oui parler de superbes galeries.

MILORD. Celle de M. le Duc d'Orléans est admirable, & je ne sçais si vous avez mieux en Italie; mais ce n'est qu'une.

M. FABRETTI. J'ai aussi depuis très-longtems en-

aziles. Mais depuis quelques années on les dépouille presqu'aussi facilement que les cabinets.

(*l*) Le Milord se flatte & il pourra bien manquer son coup, à moins qu'il n'en charge le brave F*. Sa campagne de Meaux est un petit chef-d'œuvre de Tactique Marchande. On lit dans la relation, que par une foule de ruses & de stratagêmes, il s'étoit menagé des intelligences dans la place, il étoit déja dans l'église, & deux sublimes le Sueur alloient lui être livrés, mal'heureusement au moment d'être surpris, les marguilliers sonnent le tocsin les portes de l'église se ferment: & voila la fameuse affaire du 26 May. C'est dans ces cas imprévus qu'échouent les plus habiles Généraux. Comment prendre son parti sur le champ, former de nouvelles dispositions, mésurer son terrein, les forces respectives, calculer enfin lorsqu'on n'a tout au plus que le tems d'agir? voila où la tête se perd toujours; mais le froid & l'intrepide F* conserve toute la sienne. Après des prodiges en tout genre, les portes de l'église s'ouvrent, il sort à la tête de sa troupe, chargé des saintes dépouilles, à travers une si furieuse grèle de coups de bâton, que F*, qui n'est cependant pas avantageux, en avoue 197 pour sa part. La retraite se fit toute fois dans le meilleur ordre, & les ennemis voyant que le bâton n'y faisait rien, firent avancer des huissiers; mais le Parlement déclara les tableaux bien vendus, & la bastonnade encore mieux reçue.

Quoique cette expédition de Meaux fût au premier coup-d'œil la chose la plus glorieuse par tout ce que F* y a mis d'adresse & d'épaules, il faut convenir qu'au résultat il n'a combâtu que pour l'honneur, & c'est une de ces campagnes que les historiens appelleroient plus brillante qu'avantageuse, car le magnanime F* vendit ses tableaux presqu'au prix coutant, & il a prouvé par bonnes piéces justificatives jointes au procès que chaque coup de bâton ne lui avoit pas été payé plus de six blancs la piéce.

tendu parler de celle de Monſieur le Baron de Thiers. N'exiſte-t-elle pas toute entiere?

MILORD. Toute entiere, & magnifique, on ne vous a pas trompé.

M. FABRETTI. Nous irons la voir.

MILORD. Je ne m'offre pas pour vous y accompagner; car les troubles de Pologne ne rendent pas le voyage facile.

M. FABRETTI. Qu'a de commun la Pologne avec cette galerie?

MILORD. C'eſt que depuis deux ans elle exiſte en Ruſſie.

M. FABRETTI. Comment! elle a été vendue,

MILORD. Preſque pour rien. Ce fut comme Brutus à Philippes, le dernier des Romains.

M. FABRETTI. Pourquoi donc tous vos grands Marquis, Princes, Fermiers-généraux & Ducs n'ont-ils pas profité de cette belle occaſion?

MILORD. C'eſt que vous ne voulez pas nous en croire. Vous mourriez de faim avec la Transfiguration ſur le pavé de Paris. On ne vous diroit pas un mot de votre Muſeum du Capitole. Le cabinet du Baron s'eſt vendu ſans mot dire. Les grands ne mettent pas leur magnificence à ces petites curioſités-là. Perſonne ne s'eſt aviſé de propoſer une ſouſcription, de ſonner le tocſing, & les tableaux ſe ſont emballés le plus tranquillement du monde.

M. FABRETTI. Qui eſt-ce qui a oſé vendre cette magnifique collection?

MILORD. Ceux qui ne l'euſſent jamais achetée.

M. REMI. Nous ne ſommes pas ſi aiſés à dépouiller

ſur tous les points, & je vous défie bien de nous enlever nos chers Flamans.

MILORD. Ce n'eſt pas-là notre ambition, quoiqu'il s'en ſoit gliſſé quelques-uns chez-nous; & Milord *Devanshire* m'a dit qu'il propoſeroit à l'ouverture du Parlement un Bill. pour les exclure. Vous penſez bien que je ne ſerai pas du parti de l'oppoſition.

M. FABRETTI. Vous êtes encore dans les vieux principes en Angleterre : une fois un tableau dans une famille, il n'en ſort plus, à ce qu'on m'a dit.

MILORD. Chaqu'un en rapporte de ſes voyages, & les dépoſe dans ſa maiſon de campagne ; ils y éxiſtent autant que la race du propriétaire.

M. REMI. Nous finirons ſûrement par le même uſage, car vous ſavez que l'Anglomanie domine ici. Tout le monde veut être Anglois, aller à Londres : il n'y a jamais eu plus de communication.

MILORD. On vient voir chez nous des chevaux & des filles. La reſſemblance des deux nations eſt d'ailleurs auſſi parfaite qu'elle peut être. Vos bottes & vos redingottes ſont à-peu-près comme les nôtres. Nous feſons en Angleterre autant de cas des François qui viennent prendre nos uſages, que des Anglois qui nous portent les vôtres. Nous n'eſtimons que les gens de tous les pays, Anglois, François, Allemans, Italiens qui ſavent être des hommes & non des ſinges. (*m*)

M. REMI. Revenons aux Flamans : il faut convenir que ce ſont de charmantes choſes, pour le fini & le piquant des ſujets.

(*m*) Croire avoir le genie d'une nation quand on en a l'habit, c'eſt une erreur bien puérile. [illegible] Si par hazard j'étois François je n'en rougirois pas, & ſi mon ſiécle me déplaiſoit j'en chercherois un autre dans ma nation même : au lieu d'être Anglois ou Suiſſe, je paraitrois avec l'eſprit & l'habit d'un Gaulois du temps de Charlemagne.

MILORD. *Qu'on m'ôte tous ces magots*, dit Louis XIV, à qui on en préſentoit.

M. FABRETTI. Un grand ſujet d'hiſtoire parloit plus à ſon ame que des pipes & des pots de bierre. On pourroit, ſi l'on vouloit, en avoir quelqu'uns, mais ce goût ne devroit pas être éxcluſif. Je crois voir au rêſte la raiſon de leur grande vogue; c'eſt le bon marché.

MILORD. Il n'y a qu'eux de cher au contraire, le grand genre eſt pour rien. Avec le prix d'un Wauwermens médiocre, l'on auroit trois ou quatre grands ſujets.

M. REMI. Trois ou quatre tout au moins. J'en ai vu un grand exemple. Dans le tems que le cabinet de M. de Thiers ſe donnoit, on ſe battoit à la vente de M. le Duc de Ch... pour mille louis, on n'avoit rien. J'avois des commiſſions de toutes parts. Imaginez qu'un petit potter avec quelques arbres & un bout de caroſſe m'échappa à 26900 livres.

MILORD. Eſt-ce qu'il donnoit dans ce genre là?

M. FABRETTI. Il n'aimoit que la bambochade.

MILORD. Je croyois qu'il avoit porté de Rome le bon goût, & un cabinet Italien.

M. FABRETTI. Il n'y avoit rien pour lui à Rome. Imaginez qu'à la face du Capitole, on n'avoit chez lui que de la muſique françoiſe, & lorſqu'il nous quitta, il faiſoit venir Reb... & Franc... pour nous apprendre à chanter, & Pie... pour nous aprendre à peindre.

MILORD. Je le croyois protecteur des Arts en grand, un homme à monuments, à choſes publiques qui reſtent & immortaliſent. (*n*)

(*n*) voila bien du bruit pour des Flamans. Ce Milord croit ſans doute que tout ſe tient; que dans les Arts même il y a une maniere grande & patriotique de les protéger. Les grandes ma-

M. REMI. Auſſi a-t-il fait de l'immortel ; pas de ces grandes choſes ordinaires, telles que Richelieu ou Colbert en ont faites, mais du bien plus ſurprenant que ça. Une maiſon merveilleuſe, bâtie ſi rapidement qu'elle tomboit à meſure, ſans vuë dans le plus beau pays du monde, ſans eau auprès d'une riviere : des montagnes applanies, des vallées élevées : tout allait comme le vent ; les grilles de fer les plus monſtreuſes arrivoient en poſte. C'étoit bien plaiſant, & on nous a bien fait rire à Paris.

M. FABRETTI. A Rome ça feroit hauſſer les épaules.

MILORD. A Londres ça produiroit autre choſe, quand ces folies ſont faites au depens du public.

M. FABRETTI. D'après ce que vous dites, M. Remi, ſur la cherté de ces petits tableaux, il faut des monceaux d'or pour en avoir.

M. REMI. Oui, c'eſt un goût ruineux, je plains bien le pauvre amateur qui en a la manie. Il court de grands riſques, car vous ſavez ce que c'eſt qu'un amateur.

M. FABRETTI. C'eſt celui ſans doute, qui ſuivant la nature & le ſentiment a vû toutes les écoles, comme le ſage Potamon, toutes les ſectes des Philoſophes, pour ſe former d'après les beautés de chacunne, un goût pur & délection.

M. REMI. Où avez vous donc pris cette définition ? c'eſt apparemment en pays étranger ; car dans toutes nos claſſes d'acheteurs nous n'en avons pas une de cette eſpéce. Nous les diſtinguons par amateurs à l'argent, ou ſans argent.

chines en peintures, les colonnes, les ſtatues demandent des galleries, un vaſte palais. l'Homme s'agrandit avec ce qui l'entoure, de là les grands projets, les nobles idées, d'embelliſſement de monuments publics. Ainſi cette importance qui paroit d'abord puérile, explique pourquoi Louis XIV rejette les magots.

Amateurs ſans connoiſſance, amateurs d'oſtentation, c'eſt à dire dont les tableaux ſont un air plutôt qu'un goût, amateurs.....

MILORD. Pour abréger : dites amateurs impromptu, cette claſſe les renferme tous.

M. FABRETTI. Quelle eſt-elle donc ?

MILORD. Ce ſont ceux qui en tout genre, s'aviſant le ſoir d'être ſavans dès le lendemain, envoyent chercher un brocanteur, un Libraire pour les ſifler, & achétent des tableaux & des livres, parce qu'il eſt bon d'acheter de tout ce qui ſe vend Si par hazard ils joignent à ce riche fond un voyage d'Italie, dont il rapportent force bévuë, ſur tout ce qui s'y voit, ne négligez jamais quand vous les rencontrez de les faire diſcourir Peinture & Mélodrame. Car pour un quart d'heure, ils ſont particulierement curieux à entendre.

M. REMI. Les brocanteurs ſont également curieux de les joindre ; car les amateurs du vieux ſtile ne ſont pas ſi aiſés à attraper. Lors même qu'ils ne s'y connoiſſent que très légérement, ils achetent les anciens maîtres, dont les tableaux ſont connus & ſuivis de cabinets en cabinets. Vous ſentés la difficulté de duper des gens qui ſont comme retranchés ; mais quand on donne dans les fantaiſies, dans les petits tableaux chers ſeulement par le mauvais goût à la mode, on eſt livré dès lors aux Marchands. C'eſt ce qu'ils appellent attirer l'ennemi en raze campagne. On les entoure, on leur gliſſe des croutes, & des copies, on fait des trocs, & ils ſe trouvent n'avoir ni tableaux ni argent à la fin de la guerre. Il y a des régles ſures avec leſquelles on ne les manque jamais.

MILLORD. Cette tactique-là a été pouſſée bien loin. A mon premier voyage à Paris, je rencontrai un brocanteur d'une grande diſtinction ; c'étoit bien le juif le plus adroit qui fut dans les douze tribus ; il m'auroit mené au delà du jourdain, ſi je l'avois laiſſé faire.

M. REMI. N'étoit-ce pas M. le D.?

MILORD. Non.

M. REMI. Vous m'embarraſſez, car c'eſt un des plus fort. Nous avons encore dans la premiere claſſe Meſſieurs D* Ba* P* L* F* Ma* V* Me*.

MILORD. Bien mieux que tout cela ! c'étoit Monſieur B.....

M. REMI. Ah! c'eſt vrai, il m'avoit échappé. Il commença, je le parie, par vous décrier tous ſes confreres, Vous dire qu'il falloit voir par vous-même, vous défier de tout le monde?

MILORD. En propres termes. Mais c'eſt un avis, comme bien ſçavez, que les honnêtes gens donnent quelquefois, & ces... Meſſieurs toujours. Ce fut en ſortant des mains de ce perfide Iſraëlite, que je connûs Monſieur Remi, & ce n'eſt que ſur des ſervices & une longue expérience, Monſeigneur, que je vous ai repondu de lui.

M. REMI. Ah Milord, je m'applaudis fort de mériter votre confiance; ma méthode a toujours été ſimple: j'attens ſans prévenir & vouloir captiver, & quand on eſt mécontent d'un marché, je le défais dix ans après ſi l'on veut. Mon but a été de faire un commerce honnête & non un trafic de ruſes & de friponneries.

M. FABRETTI. Monſieur Remi eſt à ce qui me paroît le ſeul juſte au milieu de Babylone: mais eſt-ce que l'Académie n'a pas l'inſpection ſur tous ces Meſſieurs?

M. REMI. Elle n'a aucuns droits ſur nous.

M. FABRETTI. Mais elle a droit ſur ſes membres.

M. REMI. Nous ne ſommes pas de l'Académie,

Monſeigneur, cela eſt inutile pour notre métier, & nous n'avons pas profité de la facilité qu'on a d'en être.

M. FABRETTI. Vous y tiendriez fort bien votre place ſous le titre de Peintres reſtaurateurs. L'art précieux de tranſporter ſur toile & rajeunir de vieux tableaux, vaut mieux que celui d'en faire de mauvais, comme on en voit par fois au ſalon.

M. REMI. D'ailleurs, ſi on ne ſe contentoit pas de notre art de reſtaurateur, une gouache, quelques miſeres en émail ou en miniature, un tambour, des raves même & une ſalade ſuffiſent pour être reçu Peintre de genre; mais en tout cas, ſi nous ne ſommes pas de leur corps, ils ſont ſouvent du nôtre, tels que Meſſieurs Mar... Val..

M. FABRETTI. Vous faites donc corps?

M. REMI. C'eſt plutôt une ligue, une confédération. Mais vous voulez tout ſçavoir, & je ne puis pas vous dire ce qui nous les amene.

M. FABRETTI. Monſieur Remi, de la reſerve! Cela n'eſt pas loyal.

M. REMI. Puiſqu'il faut tout vous dire, vous ſçaurez que ces Meſſieurs nous recherchent parce que perſonne n'achette leurs productions, & cependant il faut vivre: or ſans argent, ſans connoiſſances, ſans l'art même de reſtaurer, ils ont avec nous un bénéfice très honnête.

M. FABRETTI. Comment ſont-ils?

M. REMI. Ce ſont les ſecrets du métier que je vous révéle. On s'aſſocie ſept ou huit pour une vente. Les particuliers craignent les marchands, parce qu'étant confédérés, ils vendroient cher leur vie: ainſi faute de concurrens, un brocanteur a ſouvent pour cent écus un tableau qui en vaut mille.

M. FABRETTI. Dans cette opération, je ne vois qu'un homme qui gagne neuf cent écus.

M. REMI. C'eſt là le myſtére & le point cardinal. Après la ſuſdite vente, on ſe rend dans ce que vous appellés en Angleterre un bouchon à bierre, & l'on tient là une ſcéance du Parlement, que nous appellons *Réviſion.* Le Tableau s'établit au prix de la vente, & pouſſé par tous les aſſociés, il reſte au dernier enchériſſeur, à mille écus par exemple. En voila donc neuf cent au deſſus de la vente publique, qui ſe partagent entre tous les confédérés. Donc ſans argent, ſans connoiſſances, ſans l'art même de reſtaurer on a un bénéfice honnête: *ce qu'il falloit démontrer.*

M. FABRETTI. Puiſque vous n'avez été parmi ces Meſſieurs que le tems qu'il faut pour les connoître, on peut vous dire les mots & les paroles. Si ce n'eſt pas ce qu'on appelle en France une friponnerie, ma foi je ne m'y connois plus.

M. REMI. Ah Monſeigneur, vous caſſez les vitres. C'eſt l'honnête induſtrie, le ſçavoir-faire: cela s'appelle ſubtiliſer adroitement. Ce n'eſt pas qu'il n'y ait de gens de votre avis, entr'autres Monſieur le Lieutenant de police. Cette idée-là s'établit aſſez généralement. Dernierement quelqu'un de ma connoiſſance, imbu des mêmes préjugés, s'en fut chez Monſieur V... de l'Académie Royale de Peinture & notre aſſocié ſe plaindre d'une ſubtilité efféctivement un peu capitale: mais l'homme de bien ne repondit à toutes ſes invectives que par un paſſage de la vie dévote de S. François de Sales. Je ne vous aſſure pas qu'ils ſoient tout auſſi foncés ſur les paſſages; mais le fond de morale eſt le même.

MILORD. Vos marchands à Rome ont de la réputation, mais ils ne ſont que des novices.

M. FABRETTI. Il faudroit qu'ils vinſſent ſe perfectionner dans ce pays-ci.

MILORD. Grace à Monſieur Remi, voilà un cours de Peinture bien complet.

M. FABRETTI. Il nous a ménés depuis l'attelier des Peintres juſqu'aux boutiques des marchands.

M. REMI. Vous connoiſſez actuellement notre école de la cave au grenier & le ſalon.

MILORD. Pour Dieu, Monſieur Remi, ne proférez plus ce mot, il ne peut qu'être déſagréable à Monſeigneur, après la ſcène qui lui eſt arrivée.

M. FABRETTI. Vous en revenez encore-là : j'y retournerois dès-à-préſent.

MILORD. Vous voyez... à neuf heures du ſoir, pour les voir dans leur beau jour.

M. FABRETTI. En plein midi dès demain.

MILORD. C'eſt un effort de courage dont il eſt bon de nous aſſurer. Il faut des témoins, ainſi Monſieur Remi, demain aux mêmes conditions qu'aujourd'hui, nous partirons de chez moi pour aſſiſter à cette entrevue.

DIALOGUE VIII.

MILORD.

VOus voilà encore parmi vos ennemis. C'eſt Rome au milieu de Carthage.

M. FABRETTI. Je ſçaurai ſoutenir cette vue, & faire même bonne contenance.

MILORD. Le difficile n'eſt pas de voir ſes ennemis & de les combattre, c'eſt de leur rendre juſtice. Voyons ce que vous en direz à préſent.

M. FABRETTI. Je me ſuis aſſez expliqué dans toutes nos ſéances.

MILORD. La derniere n'a-t-elle rien changé ?

M. FABRETTI. Je vous répéterois encore ce que nous avons dit ſur les Gre... Vern... le Pr....

MILORD. Ce n'eſt pas d'eux, c'eſt de l'hiſtoire dont il eſt queſtion. Suppoſons qu'un curieux à votre retour à Rome vous demande ſi les Pouſſins & les le Bruns ont des ſucceſſeurs en France.

M. FABRETTI. Je n'héſiterois pas, & j'aſſurerois fort qu'ils n'en ont point : jamais je ne varierai là-deſſus.

MILORD. Mais en détaillant l'état actuel de la Peinture, ne vous permettrez-vous pas quelques traits un peu plus forts que ceux d'hier.

M. FABRETTI. Pour abréger, je dirai qu'on peint aujourd'hui ſur d'autres principes, que la marche auſtére des anciens a cédé à une méthode plus facile, qu'on a ſubſtitué l'agencement à la compoſition, le pittoreſque au poëtique, la maniere à la pureté des formes, *le tour* de la figure à la justesse des mouvemens, la phisionomie aux caractéres, les grimaces à l'expression, la gentillesse aux graces, les couleurs à la couleur & à la chair.

MILORD. Ce n'est pas tout.

M. FABRETTI. Vous croyez peut-être que l'amour-propre me fera dissimuler l'oubli, le mépris même où est ici le nom Romain. Puisque les conventions sont la base de l'art, qu'on est Artiste quand on est manœuvre, que le génie est tout entier dans la main, & que la facilité du pinceau, fruit de l'étude & des ans, est un préliminaire exigé dans les éléves, on verra assez ce qu'on pense ici de nos grands hommes. (*o*)

MILORD. A merveille: mais ce n'est pas encore tout. Si en dernier analyse, on vous demande le rang de l'école Françoise en Europe ?

M. FABRETTI. Je publierois que la sculpture y est bien plus forte qu'il ne faut pour y tenir le premier rang.

MILORD. C'est une chose convenue il y a longtems. C'est la Peinture dont il s'agit.

M. FABRETTI. Je donnerai encore aux genres le premier rang.

MILORD. Et pour l'histoire malgré tous ses défauts, vous serez forcé de lui rendre la même justice.

M. FABRETTI. Pas du moins, tant que les Cignaroli, les Battoni & les Meynx existeront.

MILORD. Voilà beaucoup d'amour de la patrie. Chacun des deux premiers ne vaut qu'un François, & pour

(*o*) On renouvelle sans doute le propos de l'Espagnolet, qui disoit que le Dominiquin ne méritoit pas le nom de peintre, ne sçachant pas manier le pinceau.

le dernier, il s'en faut de beaucoup qu'on puisse l'opposer à toute l'école Françoise, & ce n'est pas du tout le cas du *Nec pluribus impar*.

M. FABRETTI. A qui voulez-vous qu'on compare ces Messieurs? Voyez-vous a qu'el dégré de sa balance Monsieur de Piles auroit pû les mettre? (*p*)

MILORD. Ce que vous dites est vrai pour le grand nombre; mais distinguez quelques innocents de cette foule de coupables; indiquez aux éléves les maîtres qui peuvent le moins les égarer; imaginez que l'Académie est ici présente pour recevoir vos adieux.

M. FABRETTI. Que voulez-vous que je lui dise? Je ne sçais pas sa langue.

MILORD. Quelqu'uns du moins entendront la votre. Parlez, ils vous écoutent. Je vous écoute aussi, moi qui n'aime que la critique impartiale comme la loi. Si louer sans restriction est pour vous trop pénible, rappellez si vous voulez leurs défauts, mais parlez de leurs talents. Je vous jugerois vous même si vous n'en parliez pas.

M. FABRETTI. Eh bien, je leur dirais comme Despreaux à Racine: *apprenez à peindre difficilement, quelques uns parmi vous sont capables de l'apprendre*. Je leur crierais aussi: étudiez la nature; voila la source où vous devez puiser, & c'est pour vous que les Poëtes ont fait la terre mere des hommes & des Dieux.

Que Monsieur Vi... cherche des caractères plus nobles, des expressions plus vives, une couleur plus vraie, mais qu'il soit invariable dans la pureté de son trait. Cette partie essentielle peut faire oublier celles qui lui manquent.

Que Monsieur Do... pour devenir le plus grand homme, oublie tout ce qu'il sçait, qu'il reprenne le porte-feuille, & suive la nature pour la couleur, les effets, & les formes.

(*p*) M. Piles ne les eut comparés qu'entr'eux. Il n'y a aucune mesure commune par exemple, entre Monsieur Pie, & les anciens :

Que Monsieur du Ra... n'enterre pas les parties qu'il posséde dans une couleur factice & éxagerée, qu'il dessine puisqu'il le sçait ; mais qu'il apprenne à parler au public & à le remuer.

Que Monsieur Bre... modéle de l'école Françoise pour la justesse & la vérité des effets, imite à son tour de plus près les grands maîtres pour la noblesse, l'expression & la couleur locale.

Que Monsieur la Gr... l'ainé avec sa correction soit plus male, & que Monsieur la Gr... le jeune, avec son goût soit plus correct.

Que Monsieur Ro... continue d'être le seul ancien parmi tant de modernes ; mais qu'il abandonne la froide marche de l'école, & s'enthousiasme, s'il le peut, avec les héros de Virgile & d'Homère.

Le reste ne vaut pas l'honneur d'être nommé. Corneille.

MILORD. Que Monsieur Pie...

M. FABRETTI. *Le reste ne vaut pas l'honneur d'être nommé.*

MILORD. Que Monsieur Pie... ne peigne pas; mais qu'il n'empêche pas de peindre par l'influence de sa place, en obligeant les Artistes de donner tant (*q*) à la main, & rien au sentiment, & à la nature.

& il eut été réduit à le mettre dans la balance avec les Bon, les Tar, les Joul. &c.

(*q*) Enfin le voilà le dénouëment qui explique ce refrain perpetuel de Monsieur Pie. S'il n'eut été que Peintre, il n'eut sûrement pas été nommé dans ces dialogues, pas plus que MM. Gue, Franc, Hu, Cour, Bell, &c ; mais en qualité de premier Peintre, il fallait l'attaquer nommément, comme un des fondateurs de la nouvelle école, le prototype du barbouillage regnant, & le patron du tartouillis & de la brosse. Il étoit donc indispensable de ne pas le quitter un instant & de le reproduire à chaque phrase. Ce n'étoit point en passant, par quelques traits légers, avec une épigramme ou deux qu'il fallait s'en tirer ; cette méthode est trop frivole & trop Françoise. Est-ce ainsi qu'on peut faire du fruit? c'est uniquement par

Qu'à

Qu'à l'exemple des Vanloo, des Coypels, des Rigaulds, il regarde les peintres comme ses confreres, (r) & qu'à force de zéle pour le progrés des Arts, il se fasse pardonner d'avoir osé s'asseoir à la place de le Brun, (s) & de Mignard.

M. REMI. Ah! Milord, que l'Académie applaudiroit à ces paroles. Monseigneur voit les effets, vous seul indiquez les causes, & vous allez droit à la racine du mal; car c'est le premier Peintre qui est responsable de la Peinture. En obligeant les Artistes à se plier à ses goûts pour en être employés, il les force de mettre beaucoup pour lui dans leurs ouvrages. (t)

l'opportune & *l'importune*. C'est par une critique profonde & Angloise. Car rendons justice à ce Milord & à sa nation, elle seule a une marche grave & menaçante, parce qu'elle ne se contente pas d'un escarmouche dans les occasions où il faut un combat à mort.

(r) Ces grands hommes étoient premiers Peintres du Roi, plus par leurs talents que par leurs titres; ils étoient non seulement confreres des Académiciens, mais aussi compagnons de leurs éléves. Qu'on compare actuellement la bonhomie des vrais Artistes, avec l'antichambre & les audiences de Monsieur Pie.

(s) Ceci rapelle Michel-Ange de Garavage, qui forçoit à Rome les Peintres de faire dans sa maniere. Le Guide ne pût obtenir le crucifiement de S. Pierre pour l'église de S. Paul aux trois fontaines, que sur la caution du Josepin que ce Tableau seroit éxécuté scrupuleusement dans la maniere du Caravage.

(t) Lorsqu'on a le malheur de succéder aux grands hommes dans leurs places & non dans leurs talents, on doit avoir l'adresse de ne jamais paraître à côté d'eux pour éviter le contraste de l'abondance & de la stérilité, des grandes pensées & des trivialles, de la plus belle éxécution & du peinceau le plus froid & le plus fade. L'amour propre doit donc éloigner des lieux où leur génie est le plus présent, pour qu'on ne dise pas, ici Mignard est tout, & Pie. n'est rien. Ce n'est qu'à Saint Cloud qu'on connoît Mignard tout entier : au Val de grace & dans ses autres ouvrages on n'a qu'une partie de lui-même : c'est-là, qu'après avoir admiré dans trois salons & une galerie immense ce grand homme si frais, si pur, si agréable, on passe ensuite de plein-pied, sans descendre une seule marche, sans y être preparé, brusquement à un nouveau

MILORD. Je sçavois qu'il ne suffit pas d'être habile homme pour tout le monde; il veut qu'on le soit à sa maniere.

M. REMI. Dans les distributions des ouvrages, il n'employe que les ouvriers selon son cœur, & les Artistes ne se glissent que par hazard. Je vous dirai sous le secret qu'il est incroyable combien de machines il a fallu faire jouer pour procurer un Saint Louis à Monsieur Bre. que le public a cependant adopté dès l'ouverture du salon. Vous n'imaginez pas tout ce qu'il faut avaler dans l'anti-chambre de Monsieur Pie, & puis dans le cabinet le digérer lui-même. Enfin cédant à l'importunité & craignant de s'être hazardé, il prévenoit tout le monde qu'il ne répondoit pas du succès, parce qu'il ne se croit en sûreté que quand il répond des Tar. Rest... Hal. l'Epi. Beau. Joul. Bon. &c.

MILORD. Vous oubliez de dire, Monsieur Remi, que la femme de Monsieur Bre... étoit allée se jetter en pleurant aux genoux de Monsieur Pie, pour solliciter ce tableau comme du pain pour son mari & ses enfans.

M. REMI. Il a cru s'éxcuser en disant que Monsieur Bre... n'étoit pas connu.

MILORD. *Il n'étoit pas connu* ! pourquoi en a-t-il employé plusieurs qui ne l'étoient que trop.

M. FABRETTI. Cette excuse seroit bonne pour nous, qui devons naturellement nous adresser aux Ar-

spectacle : c'est Armide, non celle du Tasse & de Quinaut, *plus aimable encore qu'elle n'est redoutable* ; mais celle de Monsieur Pie ! tout en nous écriant, car on s'écrie dès en entrant, le garçon d'appartement se crut obligé de faire des éxcuses, & il me dit à moi & à une nombreuse compagnie que ce n'étoit pas le plafond, mais l'appartement qu'il prétendoit nous faire voir.

tiſtes les plus célébres : Mais le chef de l'Académie doit déterrer ceux à qui il ne manque que des occaſions pour les préſenter au public.

M. REMI. Un pauvre Artiſte qui n'a d'autre appui que ſon talent a toujours tort ; il n'eſt pas même écouté : mais Monſieur Pie. aura toujours raiſon, & toutes les vérités que vous nous avez ſi bien dites ſur lui paroîtroient amêres, & venimeuſes à ce qu'on appelle les gens honnêtes, & polis.

MILORD. Ce n'eſt jamais de pareils ſuffrages que j'ambitionnerais. Trop étranger à vos manieres & à votre politeſſe, je ne connois que l'humanité & [illegible]. Le ſiécle avec ſes tournures & ſon urbanité peut appeller barbares, ces ames fortes & ſenſibles, qui s'irritent à la vue de pauvres malheureux, qui après s'être condamnés aux ſciences ou aux Arts, & pendant vingt ans s'être deſſéchez dans un grenier pour ſçavoir quelque choſe, trouvent enſuite des aveugles inhumains, devant qui il faut s'avilir, pour obtenir le droit de montrer ſon talent & d'être utiles au public. On ſe plaint en France, que tout tombe en tout genre ; mais ſi le public veut qu'on travaille pour lui, qu'il recompenſe les talents, ou du moins qu'il les venge.

M. REMI. Ce ſont, Milord, des ſentimens bien dignes de votre nation. Il ſeroit heureux qu'ils devinſſent ceux de la notre. J'ai auſſi à vous remercier, Monſeigneur, de ce que les préjugés de notre école contre l'Italie, ne vous ont pas empêchez de diſtinguer les vrais talents que nous avons.

MILORD. C'eſt faire injure à un homme, Monſieur Remi, que de le remercier de n'avoir pas été injuſte. Maintenant je crois, Meſſieurs, que nous avons tout vu.

M. FABRETTI. Puiſque nous y ſommes, n'y a-t-il pas ici près un ſalon pour les arts & métiers ?

M. REMI. Non, Monſeigneur.

M. FABRETTI. J'ai oui parler d'une expoſition pour entretenir le bon goût dans l'orfévrie, les bijoux, meubles & ornemens, pour lequel la France eſt citée avec tant de raiſon.

M. REMI. Je vois, je vois actuellement le ſujet de votre mépriſe.

M. FABRETTI. Je ſçavois bien que je ne l'avois pas déviné.

M. REMI. Vous avez entendu parler des écoles gratuites de deſſein pour les arts & métiers.

M. FABRETTI. Eh bien, il y a une expoſition.

M. REMI. De deſſeins ſeulement ; mais point d'ouvrages. Il ſeroit à déſirer qu'il y en eut une & même des prix pour les chefs-d'œuvres en métaux & en bois. Mais donnez-nous du tems ; tout ne ſe perfectionne pas en un jour. Laiſſez faire, je vous prie, l'habile homme qui eſt à la tête de cet établiſſement.

M. FABRETTI. Quel eſt-il donc ?

M. REMI. On diroit que vous n'avez jamais entendu parler de Paris. Quoi vous ne connoiſſez pas l'excellent, & l'excellentiſſime Monſieur Bac... inventeur de cet établiſſement ?

MILORD. Qu'appellez-vous inventer ?

M. REMI. Oui inventer, créer, dans toute l'énergie du mot.

MILORD. Dans toute l'énérgie du mot ! vous vous trompez, Monſieur Remi, & je vous ferais voir le projet dans notre *Gentlemans Magazine* du mois d'Aouſt 1746.

M. REMI. C'eſt toujours la prétention de l'Angleterre, de vouloir disputer à la France toutes ses découvertes.

MILORD. Non, je ne dispute qu'à l'éxcellentissime, je rend hommage à Monsieur Ferrand de Monthelon, d'après notre journaliste Anglois qui nous donna l'extrait de son mémoire, imprimé à Paris la même année. Le Sieur Bach... est un peu sujet au cas. Ne voulut-il pas disputer aussi au Comte de Caylus, la Peinture en caustique ? vous sçavez qu'on lui rit au néz dans le tems. Pour le génie créateur, ne vous obstinez-pas à le lui supposer, rabbatez-vous sur autre chose.

M. FABRETTI. Vous me déconcertez fort, avec ce Monsieur Ferrand de Monthelon, car Monsieur Bach... en perdoit dans le tems le boire & le manger pour combiner, rectifier toutes les parties de la machine. Il négligeoit ses affaires, ses propres affaires.

MILORD. Pas tant négliger. Et ce concert, cette musique produit un son très utile.

M. REMI. Assurément, & il y a même sur d'autres objets un tour de bâton qui vaut bien dix mille livres derente ; mais ce n'est pas ce que j'entend par ses propres affaires. C'est son métier de Peintre, qu'il négligeait pour cette école. Quoique reçu pour ses fleurs à l'Académie, il vouloit l'être pour l'histoire ; mais ne trouvoit pas un moment pour faire son morceau de réception. Comme Monsieur Pie... se rapproche le plus de sa maniere, il le pria de lui faire son tableau, parce que vous pensez bien que pour un tableau il ne faut pas négliger le bien public.

M. FABRETTI. C'est très patriotique. *Salus populi, suprêma lex esto.*

M. REMI. Mais il y avoit à l'Académie des jeunes gens qui n'entendent rien à l'administration & au patriotisme.

un nommé Moncarnet, ancien grenadier, qui n'entendoit pas plus à la politique qu'eux, servit de modele pour ce tableau, & leur découvrit la mêche. Monsieur Bach... fut cependant reçu ; mais comme la jaserie alloit son train, pour la faire cesser, il fit une *charité Romaine* qu'il substitua au tableau de Monsieur Pic... dans la salle de l'Académie.

M. FABRETTI. Elle fut une bonne preuve qu'il sçavoit faire du bien mauvais.

M. REMI. Personne n'en doutoit, c'étoit une pure chicane des jeunes gens. Il voulut cependant y mettre de la finesse : car il fit ce dernier tableau tout aussi mauvais que le premier, afin qu'on crut qu'ils étoient tous deux de la même main.

M. FABRETTI. Voila de l'astuce, & de la plus subtile ; mais ce qui me touche le plus, c'est son patriotisme. Il sçait s'exécuter pour la commune. Vous n'avez rien, Milord, en Angleterre de plus citoyen que ça.

MILORD. Oh sans contredit! après cela, Messieurs, on ne peut mieux terminer un cours de Peinture que par Monsieur Bach... le dénouement est des plus heureux. *Vos valete & plaudite.*

M. REMI. Avant de partir, un moment, je vous prie, sur un objet tout nouveau ; c'est sur l'architecture.

M. FABRETTI. Je comptois ne pas l'oublier, & convenir de quelques séances sur cet article-là.

M. REMI. Voilà un escalier de Monsieur Wai..

M. FABRETTI. C'est un morceau bien hardi.

M. REMI. Il a paru tel aux gens de l'art les plus habiles, & on ne pouvoit se persuader d'abord qu'il fut exécuté aux Ormes.

MILORD. La largeur du veſtibule demandoit plus d'élévation : l'eſcalier ne s'apperçoit pas en entier dès l'entrée. Le petit ordre devient d'ailleurs meſquin.

M. REMI. Avez-vous remarqué ces deſſeins ?

MILORD. Son temple de Minerve n'eſt pas d'un ſtile aſſez mâle pour la Déeſſe. Je trouve, en général plus de goût & d'élégance, que de nobleſſe & de grandeur dans ſes deſſeins, ſurtout dans ceux du ſalon Spinola. Au reſte j'ai oui dire qu'il avoit de tout quand il vouloit.

M. FABRETTI. Les ſculpteurs ſe ſont emparés du terrein; les autres architectes n'ont pu expoſer leurs modéles.

M. REMI. Mais les architectes n'expoſent ici que quand ils ſont membres de l'Académie de Peinture, & vous paroiſſez ſuppoſer que ce ſont deux arts réunis.

M. FABRETTI. L'architecture fait bande à part.

M. REMI. Sans doute, mais on eſpére que le nouveau directeur Gl. des bâtimens fera cette réunion, dont tout le monde ſent l'utilité depuis longtems.

M. FABRETTI. A Rome rien n'eſt ſéparé. Souvent même l'Académie a moins réuni les différens Artiſtes, que les mêmes Artiſtes les différens talens. Michel-Ange, Raphaël, Pietre de Cortonne, le Bernin en ſont d'illuſtres exemples.

MILORD. Les architectes ſur tout gagneroient à cette réunion d'académies; car ils ne ſont ni peintres ni ſculpteurs, & ceux-ci ſont au contraire comme architectes nés.

M. REMI. Nos architectes s'en paſſent à merveille.

MILORD. Il faudroit pourtant que vous ſçuſſiez que c'eſt d'eux dont on pourroit ſe paſſer, qu'il y a dans l'Architecture, la composition & l'exécution. Les Peintres fourniroient les grandes idées & les effets : les autres la solidité. Ainsi ceux-là travailleroient pour l'œil, & ceux-ci pour le tems.

M. REMI. Il ne faut cependant pas être Peintre ou Sculpteur, pour être grand Architecte. Le Vau, Perrault, les Mansarts...

MILORD. Les hommes de génie, sont une classe à part. Je prétend seulement que le plus mauvais Peintre composeroit mieux qu'un médiocre Architecte ; parce qu'il éxérce plus son imagination pour les effets, & l'autre son jugement pour l'éxécution.

M. REMI. Vous les étonneriez bien si vous leur disiez tout cela. Il ne s'en doutent pas.

MILORD. Voilà pourquoi dans l'occasion ne manquez pas de leur dire qu'on sçait tout aussi bien qu'eux, qu'il y a des régles & des proportions. ; mais que l'Art d'y joindre l'élégance & le goût, de varier les formes & les masses, d'être ingénieux & grand dans la décoration, enfin de plaire à l'œil, produire des effets, est l'apanage direct de la peinture. Un grand Peintre, par exemple, eut donné à la colonade du Louvre un soubassement plus mâle, ou moins élevé ; il eût à Versailles du côté du jardin, rompu l'uniformité, & mis du côté de la cour plus de grandes parties. Cette vérité est si fort reconnue dans tous les pays, que les Arcs de Triomphes, les (u) cata-

(u) Il ne faut pas qu'on croye infirmer cette vérité par l'exemple de Monsieur Cha... qui dans ses catafalques nous donne éternellement les quatre colonnes, les quatre vertus au quatre coins, & l'urne cinéraire tantôt en haut, tantôt en bas pour toute variété. On entend s'appuier de Monsieur A... Radtz ; & sur tout de le Brun, toujours grand, toujours neuf, dans ses catafalques, dans ses fêtes, dans ses desseins de jardins, de bosquets, dans ses ornements d'appartemens, de galleries, enfin admirable dans les grandes choses comme dans les petites, jusques dans des desseins de menuiserie, serrurerie, &c.

falques, les fêtes, les décorations, sont de plein droit dévolus aux Peintres.

M. FABRETTI. Non seulement ces choses passagéres, mais les monumens durables. C'est par Michel-Ange & le Bernin, que Saint Pierre est la merveille de l'univers. On a toujours si fort cru en Italie, qu'un Peintre étoit Architecte quand il vouloit, que Raphaël & le Dominiquin furent nommés Architectes du Vatican, plus sur la foi de leur génie, que sur une grande pratique de l'Architecture. (*x*)

MILORD. Il faut faire connoître à ces Messieurs, les vrais principes.

M. REMI. Ceux-là sont bien ignorés ici.

M. FABRETTI. On devroit *ad perpetuam rei memoriam*, les afficher au portail S. Sulpice. Servandoni ne fut grand Architecte, que par ce qu'il étoit grand décorateur. Je m'en tiens au principe de Milord. Il y a plus d'imagination à l'opéra, que dans toute l'Académie d'Architecture, & l'on y voit des temples & des palais, auxquels il ne manque que d'être de marbre.

MILORD. Puisque Messieurs les Architectes ne sont pas ici, nous pouvons nous en aller.

M. FABRETTI. Mais allons les chercher & voir leur salon.

M. REMI. Vous vous trompez, Monseigneur, ils n'ont ni salon, ni éxposition. Ils ne perdent pas leur tems à des choses inutiles.

(*x*) Cette vérité est très importante. Les Peintres & Sculpteurs, ont mal adroitement abandonné cette belle partie de leur Art *aux maçons*, (car tel étoit leur seul nom autre-fois.) Les Artistes devroient donc rentrer dans leurs droits, reprendre l'Architecture au-moins pour la diriger. Pour la manœuvre, les détails de construction, un bon Maçon suffit, & on lui envoye son plan comme à l'ouvrier pour l'exécuter.

M. FABRETTI. Comment, ils ne ſe préſentent pas au public pour le conſulter.

MILORD. Pas du tout. Sans le prévenir, ſans dire *gare*, on lui jette aux yeux un monument éternel, & le public ſouvent n'arrive que pour dire qu'il faudroit l'abbattre.

M. FABRETTI. Il faut abſolument une éxpoſition, & c'eſt une opération qui doit ſuivre immédiatement la réunion des deux. Académies

M. REMI. N'en doutez-pas, & j'allois vous le dire. Monſieur le directeur Gl... va mettre la police. Il ne ſe fera pas un édifice conſiderable qui ne ſoit propoſé au concours des Artiſtes, & les deſſeins & modéles enſuite publiquement éxpoſés. Mais un point eſſentiel, c'eſt que tout le monde ſera forcé de paroître au ſalon, & tous les Artiſtes qui en paſſeront deux ſans rien éxpoſer, ſeront privés des penſions, logemens & autres priviléges.

MILORD. Un pareil projet prépare aux Arts une nouvelle renaiſſance.

M. FABRETTI. Puiſque juſqu'à ce tems, nous n'avons ni deſſein, ni modeles à voir, rabattons-nous ſur les édifices eux-mêmes, allons courir un peu dans les rues.

MILORD. Allons plutôt faire un tour de Tuilleries, nous ſerons là en meilleur lieu, pour cauſer Architecture.

DIALOGUE IX.

MONSIEUR REMI.

JE suis étonné de vous voir admirer si sobrement le Palais Royal. Est-ce que vous ne trouvez pas la premiere cour belle ?

M. FABRETTI. Belle & d'un goût très--mâle.

M. REMI. Et la seconde ?

M. FABRETTI. Mieux encore, au gros pavillon près, qui discorde si fort avec le reste.

M. REMI. L'escalier est une belle idée.

M. FABRETTI. Très-belle.

M. REMI. Vous revenez donc, & vous trouvez ce Palais magnifique ?

M. FABRETTI. Tout au contraire, & cela vient, Monsieur Remi, de ce que les subalternes font des parties, & les génies seuls font des *tout* & des ensembles. Les deux cours sont mauvaises, par la raison qu'elle sont deux, & l'escalier parce qu'il n'est qu'un & mal éxécuté.

M. REMI. Il est vrai que dans le tems, il fut question de porter le corps du milieu sur le jardin ; on eut gagné une cour immense sans perdre de logement. Pour les dedans, j'avoue qu'on n'y trouve ni grandeur, ni noblesse dans les distributions & la décoration : ainsi nous n'avons à nous rabattre que sur la sale d'opéra.

MILORD. Triste ressource. Parler sale d'opéra à un Italien ! Monsieur Remi, c'est bien imprudent. Ne parlez de celle-ci que pour les charmans bas reliefs de Vassé, & le plafond de M. du Ra. où quoiqu'il n'y ait rien pour le public comme dans ses autres ouvrages, il y a cependant quelques bonnes choses pour les Artistes.

M. REMI. On va travailler à donner une bien belle sale à la Comédie Françoise.

MILORD. Le plan est très-beau, la forme neuve, ladistribution ingénieuse. Tout le monde sera assis. (y) On a bien fait de confier cet édifice à Messieurs Wai. & Per. en société; l'un a de l'imagination, l'autre de la justesse, & l'on aura un bon résultat.

M. REMI. Ce n'est plus eux. C'est Monsieur Mor. qui en est chargé.

MILORD. Son plan est sans doute meilleur, puisqu'il a été préféré?

M. REMI. Non, c'est l'architecte seul qu'on a préféré.

M. FABRETTI. Sur la bonne opinion de ses talens?

M. REMI. Et aussi sur la sale d'opéra qui est de sa façon.

MILORD. Cette sale est un titre pour lui en refuser un autre.

M. FABRETTI. Si à toute force il faut qu'il le fasse, qu'il publie du moins son plan avant de l'éxécuter. S'il avoit pris cette sage précaution pour l'opéra, on l'eut averti de donner une forme moins triviale, de ne pas construire des loges, où l'on ne peut ni voir ni entendre, de profiter des beautés, & sur-tout de l'avant-scène de l'an-

(y) La France est le seul pays de l'Europe où l'on soit debout au parterre. Les Auteurs se plaignent qu'on les sifle souvent. Quand même il n'y auroit pas de leur faute, le siflet me paroit motivé; car tout ce qui s'entend debout & dure plus d'un quart-d'heure, doit être fort mauvais.

cienne sale des Thuilleries ; enfin d'imaginer des abords plus commodes, une entrée plus noble, parce que c'est par un vaste péristile, par un corps avancé, d'une forme ingénieuse & nouvelle, & non par quelques arcades étranglées, deux lanternes & des affiches, qu'on annonce le specpacle le plus pompeux de la capitale d'un grand Royaume.

MILORD. Le plus court seroit de lui dire de ne rien imaginer ; mais de prendre tout bonnement des idées chez vous, à Vienne & à Parme ; pour que les spectateurs & la sale fissent eux-mêmes spectacle.

M. REMI. Cette distribution de sale ne nous plairoit pas. On veut être chez soi.

M. FABRETTI. On en a moins besoin que chez nous, où l'on passe cinq heures dans sa loge, où l'on reçoit des visites, où l'on mange, l'on joue. . . . .

M. REMI. On ne laisse pas aussi de faire bien des choses dans les nôtres. Voilà pourquoi nous avons besoin de petites loges, de loges grillées, de baignoires, & le public doit avoir ses commodités.

MILORD. C'est que vous ignorez, Monseigneur, que le public n'est pas le parterre, l'amphithéâtre les premieres loges ; & tout ce qui est en réprésentation, c'est quelques personnes qu'on ne voit pas ; & il faut qu'un architecte sçache cela dans sa place.

M. REMI. Malgré toutes les critiques, Monsieur Mor. nous donnera le double de sa sale d'opéra. Il la bâtira envers & contre tous, & il a de bonnes lettres-patentes dûement enrégistrées.

MILORD. MM. Wa. & Per. en avoient aussi.

M. REMI. Les plus fraîches sont les bonnes ; il est autorisé à faire cette sale, & le Corps de Ville chargé de payer tout ce qui lui plaira imaginer, acquérir, abattre, édifier, vérifier, arrêter pour cette opération là.

MILORD. L'affaire n'eſt pas finie, & puiſque les premieres lettres-patentes n'ont pas tenu, il y a eſpérance pour d'autres. On croit que Monſieur le Directeur général ſe fera préſenter ſur nouveaux frais tous les projets & modéles; tout ce qu'on pourra faire pour Monſieur Mor. ſera de ne pas l'exclure du concours malgré ſa ſale d'opéra. Une entrepriſe auſſi diſpendieuſe, un monument public ne doivent pas être une faveur; mais une juſtice à rendre au mérite le plus reconnu: ainſi il ne l'obtiendra pas légérement, parce qu'il a plus de dextérité pour ſe procurer des ouvrages, & moins de délicateſſe pour les enlever à ſes confreres qui en ſont déjà en poſſeſſion.

M. REMI. Ne parlons plus de ſales de ſpectacles en France.

MILORD. Vous pouvez parler de celle de Verſailles; tout bien examiné, c'eſt ce qui s'eſt fait de mieux de nos jours dans vos maiſons Royales. Malgré tous ces défauts, c'eſt une magnifique idée de Monſieur Pot.

M. FABRETTI. On ne me la pas montré à mon mon voyage à Verſailles.

M. REMI. Elle vaut ſeule la peine d'y retourner. Vous êtes en France dans un bon moment; vous voyez en train le ſuperbe plan & le ſublime projet qui vont embellir Verſailles du côté des cours.

M. FABRETTI. On gagnera peut-être pour les détails, on perdra peut l'effet. Quoique le plan ancien fût d'une mauvaiſe forme, & d'une conſtruction meſquine, l'œil ſe perdoit dans cette profondeur juſqu'au jardin, avant que le Periſtile fut bouché. Mais par le corps qui ſelon le projet doit fermer la cour de marbre, je vois une façade toujours auſſi étroite, la cour du milieu diminuée, les deux latérales toujours comme des gaines, & voilà bien de petites parties, & point de grandes maſſes. Pour en produire, Monſieur Pot... de toutes ces cours devoient n'en faire qu'une, & trouver un vaſte appartement au Roi, à travers cette multitude d'eſcaliers, & ces petites cours obſcures qui l'avoiſinent.

M. REMI. Vous nous faites-là un cruel abbatis. Vous voulez donc déloger tout le monde ?

M. FABRETTI. Moi, je veux tout ce qu'on voudra. Qu'on bâtiſſe même à ſix étages, puiſque c'eſt le logement qu'on veut, & point la grandeur & la majeſté. Mais alors faites-nous grace je vous prie, de vos grands mots *de ſuperbe plan*, & de *ſublime projet*.

M. REMI. Il y a un vieux plan du tems de Louis XIV, pour joindre les écuries au château, je ne ſçai s'il entre dans le projet actuel.

M. FABRETTI. Sans l'avoir vu j'en ai bonne idée, ſur la foi de ce ſiécle dernier. N'y a-t-il pas auſſi un plan pour abbatre ces tentes ?

M. REMI. Elle ſont ſi gaies !

M. FABRETTI. C'eſt une petite parade, bonne pour la campagne. Mais pourquoi à t'on renoncé aux ſouterrains ? (z)

M. REMI. Il y pleut.

MILORD. Pourquoi y pleut-il ?

M. REMI. Vous avez dû être bien étonné de tout ce que vous avez vû-là. Comment trouvez-vous les jardins ?

M. FABRETTI. Comme ceux de Semiramis.

M. REMI. l'Orangerie eſt une belle piéce ?

(z) Pour les rendre très ſains, il faudroit percer des jours de tous côtés, donner de l'air, & commencer par chaſſer ces abominables gargottes dont tous les murs ſont décorés.

M. FABRETTI. Ah ne m'en parlez pas.

M. REMI. Vous êtes bien difficile! le Bernini l'admira.

M. FABRETTI. Sûrement, il dût être jaloux de cette ſublime idée. Mais elle tombe.

M. REMI. Tant mieux, c'eſt là où on l'attend. Elle dure depuis aſſez de temps. Il eſt bon d'en jouir en ruines. Nos Peintres la couvent des yeux. Cet hyver va avancer la beſogne, & Meſſieurs Mach... & Robe... comptent fort au printemps y faire des tableaux bien ragoutans. Vous voudriez bien en avoir autant à Rome.

MILORD. Saint Pierre ſeroit ſuperbe en ruine. Mais à Rome, ils ſont peu habiles à s'en ménager, & ils ſe contentent tout ſimplement de celles que les Gots, & les Viſigots leur ont laiſſés.

M. FABRETTI. Il eſt vrai que nous ſommes peu ingénieux ſur ce point. Nous avons même la ſimplicité de regretter les anciens, & beaucoup de gens chez nous aimeroient mieux voir le temple de Jupiter Capitolin dominer le *forum Romanum*, que de le chercher dans quelques colonnes de *Pannini*.

M. REMI. Meſſieurs, voilà bien du chemin de la terraſſe de Tuilleries au *forum Romanum*. Revenez d'où nous ſommes partis, & puiſque le Palais Royal vous déplaît, paſſons l'eau, il y aura à gagner de l'autre côté.

M. FABRETTI. Mais non reſtons ici, & occupons-nous des lieux où nous ſommes.

MILORD. Eh non, Monſeigneur, ne parlons pas de ce ſiécle dernier. Sa réputation eſt faite.

MILORD. L'un ne pourra aller ſans l'autre. Et en louant ce ſiécle fameux qui a inventé pour les ſuivans

&

& ne leur a laissé que ses idées à éxécuter, pourriez-vous voir en toute douceur que l'on n'a rien fini depuis, de ce qui étoit commencé?

M. FABRETTI. Allons, je le veux bien: puisque ça nous donneroit de l'humeur, contentons-nous de critiquer en toute charité le siécle présent.

M. REMI. Voilà le pont Royal; vous sentez que ce nom lui vient de sa beauté.

MILORD. Vous pouvez parler à tout autre de vos ponts & de votre riviére; mais pour moi, je vous en supplie, ce seroit me manquer.

M. REMI. Il est vrai que vos ponts de Londres sont les plus beaux de l'Univers; mais sous peu nous aurons le pont triomphal, & vous serez moins méprisant. D'ailleurs vous conviendrez, que le Pont Neuf seroit suceptible de décoration & d'un grand effet ainsi que les autres, si on les reconstruisoit sans maisons.

MILORD. Je ne fais pas d'hipothése, je raisonne d'après ce qui éxiste. Mais où vouliez-vous nous mener?

M. REMI. Au Palais Bourbon, quel' on admire déja d'ici.

MILORD. Et que l'on critique d'ici.

M. FABRETTI. Nous sommes dans un poste élevé, d'où nous pouvons juger bien des choses. Pour ce palais, je ne crois pas que vous le vantiez pour les proportions & l'ensemble.

M. REMI. Ce dernier défaut est éxcusable, parce qu'on ne voulut pas vendre d'abord l'hôtel de Lafray.

M. FABRETTI. Il falloit faire le plan comme s'il l'eut été, parce qu'on devoit présumer que tôt ou tard il le seroit.

MILORD. La vraie raiſon, c'eſt que ces pavillons étoient charmans autrefois; l'idée étoit complette: on l'a gatté en voulant ajouter. Il ne s'agit après que du plus ou moins de mal-adreſſe dans les augmentations, & on a été véritablement aſſez gauche.

M. REMI. Si ce n'eſt pas une belle choſe, ce n'eſt pas faute d'argent, & ce palais coute ſept à huit millions.

M. FABRETTI. On bâtiroit à Rome ſept ou huit Palais.

M. REMI. Je ne vous parle non plus que des Architectes de Paris. Ce ſont eux qui font tous les marchés relatifs aux bâtimens, & voilà tous les ſecrets de l'Art. Une ſeule maiſon un peu honnête, une petite égliſe à bâtir, & puis on achete des terres. Vous connoiſſez le proverbe ſur les pauvres Peintres; mais ſur Meſſieurs les Architectes, c'eſt tout le contraire. On ne peut pas en broſſes & en couleurs travailler en finance comme en chaux & en ſable.

M. FABRETTI. Eſt-ce qu'avant de commencer, les propriétaires ne s'aſſurent pas au juſte de tout ce qu'il en doit couter?

M. REMI. Le plan adopté eſt toujours le meilleur marché, mais une fois la premiere pierre poſée, ils tiennent leur monde, & les choſes imprévues ne finiſſent plus.

MILORD. Il y avoit une loi à Epheſe, par laquelle ſi l'édifice étoit éxécuté au prix convenu, honneurs & recompenſes attendoient l'Artiſte; s'il paſſoit du quart, on ſuppléeoit aux frais du tréſor public, & au delà, à ceux de l'Architecte.

M. REMI. Cette loi ſeroit bonne ici, ils y regarderoient. Mais pour revenir au palais Bourbon, vous connoiſſez les dedans. Les ornemens & les meubles en ſont admirables.

MILORD. Vous faites bien d'abandonner l'Architecte & les grands objets, pour vous retrancher ſur les doreurs, tapiſſiers, ſerruriers, &c.

M. REMI. Il faut bien tirer pied ou aile; & vous n'êtes pas abordable de tous côtés.

MILORD. Franchement cela ne valoit pas la peine de nous propoſer de paſſer l'eau.

M. REMI. Nous ne nous en ſerions pas tenus-là : & l'école Militaire....

MILORD. Ah, Monſieur Remi, les Invalides, les Invalides!

M. REMI. Avec cette tournure, on ne pourra vous parler de rien. En vous citant une égliſe, vous n'avez qu'à crier Saint pierre! A un palais, vous oppoſerez le Louvre....

MILORD. On doit eſſuyer une comparaiſon à laquelle on s'expoſe. Pourquoi venir ſe mettre en parade à côté d'une ſublime choſe? Puiſque Monſieur Pot.... n'avoit que çà à nous donner, il devoit prudemment s'éloigner & bâtir hors de portée du dôme des (*a*) Invalides.

(*a*) Cette comparaiſon a fait tort à Monſieur Pot... mais à une diſtance convenable des Invalides, ces étrangers euſſent trouvé de quoi louer, car l'Auteur de la ſale de Verſailles, ne peut rien faire où il n'y ait des beautés. On en voit à l'école militaire, quoiqu'on y remarque entr'autres choſes que la cour eſt une foible imitation de celle de l'hôtel Soubize. La galerie n'eſt point d'accord avec les pavillons qui l'interrompent gauchement. l'Eſcalier eſt d'une forme lourde & très commune. La chapelle aſſez bonne pour l'idée générale a bien des deffauts de détails, ſur tout une chaire ſi déteſtable qu'on ne peut l'oublier.

M. REMI. Il y a eu d'abord un premier plan qu'on devoit éxécuter qui étoit admirable.

MILLORD. Les premiers plans, à ce qu'on dit, sont toujours admirables, mais ceux qu'on éxécute ne le sont guéres.

M. REMI. On y renonça, parce qu'il étoit trop cher, & on avoit bien d'autres objets à suivre ; la Place LOUIS XV, & en dernier lieu le superbe, le magnifique hôtel de la monnoye.

M. FABRETTI. Monsieur Remi est un peu prodigue d'épithétes.

MILORD. Ce n'est pas trop ici le cas ; car cette façade du côté de l'eau est absolument sans caractére. Cette entrée à colomnes & à statues, a l'air d'appartenir à un temple, & les côtés à une maison bourgeoise.

M. REMI. En revanche du côté de la rue la forme est belle, mâle, & d'un stile relatif à l'objet.

MILORD. Pourquoi n'a-t-il pas suivi ce stile sur toutes les faces ? S'il n'en pouvoit imaginer qu'une bonne, il falloit du moins la tourner du côté le plus apparent. D'ailleurs les cours, les dégagemens sont manqués, & rien dans l'intérieur ne dédommagera de cette insipide façade.

M. FABRETTI. C'est donc là, Monsieur Remi, votre superbe & magnifique....

M. REMI. En vérité, Messieurs, il est dégoûtant de ne vous citer les choses que pour les entendre déchirer. J'ai l'air d'un sbirre qui améne les coupables pour l'éxécution : autrefois du moins vous vous divisiez quelquefois ; maintenant vous tombez *en chorus*.

M. FABRETTI. Vous vous fâchez ?

M. REMI. Je fais mieux, je quitterai la partie après

une derniere épreuve. Avançons, & voyez si vous trouverez quelque chose à dire contre cette place.

M. FABRETTI. Vous voulez donc nous quitter, M. Remi, c'est un prétexte honnête pour vous en aller; avez-vous quelqu'affaires ?

M. REMI. Il faut donc que je parte, & vous n'admirez pas?

M. FABRETTI. Une simple question je vous prie, Monsieur Remi, la colomnade du Louvre est-elle une sublime idée? Les colomnes d'une magnifique proportion ?

M. REMI. Assurément, vous n'avez rien en Italie de comparable.

M. FABRETTI. Ni à Paris. Car quoiqu'ici on ait voulu l'imiter, y compareriez-vous ces colomnes grêles, ces ornemens mesquins, ces frontons sans motifs ? je ne vois que les soubassemens qu'on puisse comparer. Or vous sçavez qu'on critique celui du Louvre comme trop haut. Celui-ci l'est encore plus : d'où je conclus que d'une sublime chose on n'a pris que la seule mauvaise qui s'y trouve.

M. REMI. Cette maudite comparaison là abîme tout effectivement.

M. FABRETTI. Vous convenez des choses à la fin; mais ce n'est qu'en prenant des détours qu'on vous y amene.

MILORD. J'aurois déplu sûrement moi, si sans tournures & sans détails, j'avois traité brusquement tout cela de colifichet, & de médiocre. Cependant des colomnes grêles, des ornemens mesquins, des frontons sans motifs, un soubassement trop haut, & puis cette architecture en terre, fossés, balustrades, guérittes misérables, autorisent par tout pays ces expressions; mais la précision du stile vous déplaît, Monsieur Remi.

M. FABRETTI. Si toute cette décoration n'eſt pas magnifique, ce n'eſt pas la faute du local. Il y avoit de quoi s'étendre. On pouvoit développer en entier les Thuilleries, en les mettant entre le quai & une rue dominée par la terraſſe des Capucins, aggrandie & élévée comme celle de l'eau: enſuite au lieu de cette ſtatue trop petite pour l'eſpace, imaginer une compoſition plus riche & plus étendue, donner aux édifices des formes plus grandes & plus mâles, vers le percé montrer un obéliſque, & terminer le lointain par un palais, un temple.

M. REMI. Il ſera auſſi très-heureuſement terminé, & je crois qu'on aura un aſſez magnifique point de vue dans l'Égliſe de la Magdeleine.

MILORD. *L'Égliſe de la Magdeleine!* J'y mettrois l'Égliſe de Saint Pierre.

M. FABRETTI. Eſt-ce qu'il peut y avoir deux Saint Pierre?

MILORD. Si j'avois quatre cent millions de rente, il n'y en auroit qu'un; parce que je ne profiterois que des beautés de mon modéle; encore ne faudroit-il pas publier des indulgences, ni mettre deux ſiécles à le faire.

M. REMI. Puiſque nous n'avons pas de Saint Pierre, il faudra nous contenter de la belle Égliſe de Monſieur Can...

MILORD. Ne vous laiſſez pas ſéduire, Monſeigneur, par ces grands éloges; car ces Meſſieurs dans ce pays-ci, ne ſont pas honteux. Ils vous diſent avec confiance la belle égliſe de Monſieur Can. le ſuperbe Saint Roch, le magnifique Saint Sulpice....

M. REMI. Eſt-ce qu'on ſe tromperoit?

MILORD. Pour vous parler ſans détour, & expédier en un mot cet article des égliſes, vous n'avez en

France que du gothique à citer : vous voyez qu'on vous accorde ce qui doit l'être.

M. REMI. Vous nous faites faveur ; & pour le moderne ?

MILORD. Il n'y a un Saint Pierre qu'à Rome, un Saint Paul qu'à Londres ; mais tout ce qu'a la France se trouve bien mieux ailleurs. Et le plus beau de vos temples, (*b*) ne vaut pas même une église de capucins telle que *il redemtore* de Venise.

M. REMI. Sous peu il y aura mieux que tout cela ; & quand Sainte Génevieve sera finie, je crois qu'on pourra se vanter. . . .

MILORD. Oui, on pourra se vanter que l'architecte a été à Rome & à Nismes, & qu'il se souvient de ses voyages. Voilà ce qu'on voit dans les dehors : pour les dedans qui paroissent lui appartenir à lui tout seul, sans disputer dès-à-présent sur la solidité de la coupole ; attendons qu'elle soit élevée pour voir ce qu'elle deviendra : mais ce qu'on voit bien distinctement dès aujourd'hui ; c'est qu'en somme il y aura beaucoup de colonnes, de massifs, d'autels, de marches, de balustrades, de dégagements, de bas côtés, de nefs, & surtout fort peu d'espace.

M. FABRETTI. Il a si bien copié pour les dehors, & même perfectionné en assez habile homme ; pourquoi n'a-t-il pas suivi la même méthode, & profité tout bonnement d'un plan connu ?

MILORD. Cette fureur de donner du sien quand on n'a pas d'étoffe, produit les plus grands écarts.

(*b*) Le Milord, ne cite pas le dôme des Invalides, parce que ne n'est pas une église, ni la chapelle de Versailles, parce que ce n'est qu'une chapelle.

M. REMI. Il a assez raisonnablement copié pour l'intérieur, & entr'autres choses vous conviendrez que la confession de Saint Pierre est bien ingénieusement amenée.

MILORD. Il a amené une cave, & j'imagine qu'on comblera cette absurde trappe. L'original est si fort travesti que je ne le reconnoissois pas.

M. FABRETTI. C'est trop longtems s'entretenir de la petite église d'un petit saint, de petite ville, pendant que nous ne devrions nous occuper que du vaste temple de la célébre patrone d'une grande capitale.

M. REMI. Il est dommage que l'église soit manquée, car les avenues en seront bien brillantes. Vous avez déjà vu les écoles de droit.

M. FABRETTI. C'est donc-là du brillant? La porte est d'un goût assez mâle; mais Monsieur Souf. s'y est épuisé, & rien de si mince que le reste du bâtiment, sur tout pour la distribution intérieure. Il est vrai qu'il a tout sacrifié à l'objet essentiel, aux sales d'éxercice, & les jours y sont si bien ménagés, qu'on ne peut en plein midi y professer qu'au flambeau.

M. REMI. Malgré toutes ses ténébres, l'édifice ne fait pas mal à la place, & il ne manque que d'y voir encore les écoles de Chirurgie, comme on l'avoit proposé à Messieurs les Chirurgiens. Mais ils n'ont pas voulu abandonner leur Saint Cosme.

MILORD. C'est une grande perte qu'ils n'y ayent pas été étaller toutes leurs colomnes.

M. FABRETTI. Ce Monsieur G. a un furieux prurit pour les colomnes. Ordinairement c'est à l'entrée d'un édifice & non au fond d'une cour qu'est la décoration principale. Mais enfin une fois entré dans cette cour, en voyant ce fronton énorme orné d'un riche bas relief, porté par six grosses colomnes Corinthiennes en avant corps, & derriere un second ordre ionique, enrichi de guirlandes & de médaillons, on s'attend à trouver un temple ou quelqu'autre chose digne de cette annonce: mais à travers une longue porte qui a l'air d'une incision, (c) on arrive dans un espace circulaire grand comme un four banal. Je vous avoue que c'est la préface in-folio d'un petit almanach, & je ne serois pas étonné que, d'après ce modèle, on imagina pour être encore plus grand d'adapter la colomnade du Louvre à un cabinet de toillette.

M. REMI. Puisque les ponts, églises, édifices, rien ne réussit, j'ai envie de vous essayer sur nos fontaines.

M. FABRETTI. Comment! est-ce que vous avez des fontaines? Je n'en ai pas apperçu l'ombre d'une.

MILORD. Vous n'avez donc pas vu à quelques coins de rues, autour d'un piston enfoncé dans un mur des grouppes de porteurs d'eau, attendant leur tour comme à la banque. Est-ce que vous n'avez pas tout de suite deviné que c'étoit là des fontaines?

M. FABRETTI. C'est se mocquer, Monsieur Remi, de me parler fontaines, à moi, qui ai plus d'eau dans ma maison à Rome que vous n'en avez dans la moitié de Paris.

M. REMI. Je ne vous parle pas de ces petites fontaines peu remarquables. Je ne parle que des magnifiques: celle des innocents, celle de la rue de Grenelle.

(c) C'est pour éviter que les colomnes ne mordissent sur les jambages que Monsieur G... a fait sa porte si étroite. Les anciens se sont exposés souvent à ce deffaut plutôt que de sacrifier les belles proportions de leurs portes. Ils ont eu quelquefois une maniere d'y remédier, en donnant plus de largeur à l'entre-colomnement du milieu. Scamazzi, conseille cet expédient d'après le temple antique de la Piété; mais en même temps il faut observer que dans ce temple tous les entre-colomnemens du milieu aux angles vont en diminuant, & qu'il les faudroit égaux, excepté celui de la porte, pour conserver la symétrie, principe essentiel du beau en Architecture.

MILORD. Monſieur Remi, ne vous déplaiſe, il y a encore bien du piſton là dedans.

M. REMI. Vous ne m'entendez-pas! je ne veux parler que des bas-reliefs, des ſtatues, & vous voulez...

M. FABRETTI. Je veux de l'eau, & vous y mettriez toutes les ſtatues du Capitole, qu'il me faut de l'eau, quand on me parle fontaine.

M. REMI. Vous oubliez l'incomparable Samaritaine, qui fait avec ſon carillon, les délices & l'admiration de tout Paris.

M. FABRETTI. C'eſt une pitoyable meſquinerie de voir ce filet d'eau qu'on va enſuite précieuſement, je ne ſçai où, enfermer ſous la clef. encore un coup, Monſieur Remi, pour parler fontaine dans une grande Ville, il faut voir les fleuves couler dans les places publiques, & ſe diſtribuer enſuite dans des milliers de canaux. Si vous voulez des modêles pour le caractére & l'abondance, c'eſt ſur le *Janicule*, ſur le *Viminale*, à la place *Navone*, à *Trevi*, que vous verrez des fontaines ou plutôt des rivieres.

MILORD. Allons, Monſieur Remi, retirez-vous du mieux que vous pourrez avec vos piſtons, & vos porteurs d'eau & parlez-nous d'autre choſe.

M. FABRETTI. Milord n'a-pas voulu que vous lui parliez de vos ponts; vous auriez du m'épargner vos fontaines. Il faudroit un peu connoître les bienſéances, & ſçavoir ce dont on peut décemment entretenir un étranger.

M. REMI. Je vois bien qu'il faut renoncer à tout ce qui eſt monument & choſes publiques: mais il me reſte un point ſur lequel je vais me venger. C'eſt la diſtribution de nos hôtels, dont les cabinets, les ſales de bains, les boudoirs...

MILORD. Bien petite vengeance. Continuez vos quais, multipliez vos places, élargiſſez & alignez vos rues, dégagez vos ponts, ayez des fontaines, des égliſes & de grandes idées & abandonnez l'ignoble gloire des petites. Je me rappellerai toujours les Invalides, le Louvre, & je ne porterai ſûrement pas en Angleterre le ſouvenir des jolis cabinets, & des boudoirs de vos femmes.

M. REMI. Ce n'eſt pourtant que de tout cela qu'on veut avoir, & avouez que nos Architectes ſont miraculeux pour vous bâtir une maiſon à colomne & pilaſtres de tout ordre Grec & Romain, cours & jardin, écuries, remiſes, terraſſes, galeries, appartemens pour toutes le ſaiſons, cabinets pour toutes les humeurs : Le tout dans un terrein grand comme ce petit baſſin des Thuilleries.

MILORD. En revanche ils ſeroient bien embarraſſés d'en bâtir une dans l'étendue de tout le jardin.

M. REMI. Il eſt incroyable combien on bâtit : par tout Paris & la France ſont comme à neuf. Et ils ont bien changé de face depuis vingt ans !

M. FABRETTI. Si de puis vingt ans effectivement on eut bâti en France au lieu de maçonner, ce ſeroit le plus beau royaume.....

MILORD. Si chacun ne maçonnoit pas de ſon côté, ce ne ſeroit pas ſeulement le plus beau.

M. REMI. Quoique vous diſiez de notre maçonnerie, malgré tous ſes petits défauts : ſomme totale, l'Architecture depuis François Ier. eſt maintenant à ſon plus haut point en France. Ailleurs depuis la renaiſſance des Arts, elle a été en diminuant, & chez nous, elle a ſuivi une marche toute contraire.

M. FABRETTI. Je crois que Milord ne conviendra pas de cela. Monſieur Remi fait un petit anachriſme, & prend ce ſiécle-ci pour le dernier.

M. REMI. J'ai pourtant lu cela quelquepart ; dans une épître dédicatoire, autant que je puis m'en ſouvenir.

MILORD. Ce n'eſt que là que vous pouvez l'avoir lu ; mais aulieu de lire, je me ſuis promené à la ville & à la campagne, & j'ai vu, que les penſées les plus élevées à côté des plus grands écarts caractériſerent les premieres productions en France. Sebaſtien Serlio, appellé par François Ier. pour y fonder l'Architecture ſe vit bien-tôt effacé, & des deſſeins pour le Louvre ne meriterent pas la préférence. L'Art germa rapidement, l'on vit des Architectes François en Eſpagne & en Italie, même on fut étonné de les voir le diſputer à leurs maîtres.

Comme au ſortir des ténébres on obéit moins encore aux regles qu'on ne s'abandonne au génie, il y avoit plus de hardieſſe que de correction. Auſſi Bullant, du Cerceau & le célébre Philibert de L'orme épurerent ce goût quelquefois barbare en conſervant cependant la grandeur des idées.

Jacques Desbroſſes fit le Luxembourg digne du ſiécle de Leon X. & l'Aquéduc d'Arceuil digne des Romains, & il montra au portail Saint Gervais, que tout eſt poſſible au génie.

Le Mercier par ſon admirable pavillon du Louvre, Bruant le Pere par les Invalides, François Manſart & le Veau par tout ce qu'ils ont faits, Perrault, par ſa ſublime colomnade éleverent en France l'Architecture à ſon plus haut dégré. Hardoin Manſard y contribua comme eux ; mais en y joignant une délicateſſe & une élégance qui en toutes choſes précédent le mauvais goût. Car trop peu habiles pour s'en tenir comme lui aux vrais bornes, ſes ſucceſſeurs voulant éxagérer, ſubſtituerent aux formes nobles & élégantes un ſtile maigre, de petites recherches de diſtributions & un rafinement de décorations &

d'ornemens qui font aujourd'hui méprifer la funefte abondance des Oppenords & des Meiffoniers. Le dernier furtout changea toutes les formes. Plus de fimétrie & de régles ; mais des contraftes affectés & tous les caprices de la mode. Comme ce goût bizarre fut longtems pris pour du génie, l'architecture alloit fe perdre ; mais l'illuftre Servandoni pofa une borne puiffante à ce *tortillé* ridicule, par le fpectacle impofant & fublime du portail Saint Sulpice : il rappella les principes des Grecs & des Romains : on les étudia, mais en apprennant leur langue, on n'a pas leurs génies pour la parler. On connoît les belles proportions, le bon goût régne, mais les idées manquent pour des maffes nouvelles & variées, pour de grandes distributions & de beaux enfembles. Ce n'eft point la faute des Artiftes, c'eft la nature qui fe refufe ; mais c'eft toujours beaucoup, que s'il paroît un grand homme, il n'ait qu'à inventer felon les principes reçus, & rien à détruire.

M. FABRETTI. Que ce grand homme fe dépêche d'arriver, car le bon goût eft trop de mode pour durer. On le met à tout. Je vois aux tabatieres & boëtes à rouge autant de colomnes & de pilaftres qu'à une façade de palais. Quand ce bon gout n'a d'appui que les Artiftes médiocres, il eft auffi paffager que la mode qui le répand. Il faut que de tems en tems il foit folidement affermi par quelque grande production.

M. REMI. Je doute fort qu'il paffe, tout le monde aime l'architecture. Les édifices publics peuvent être manqués, mais nos hôtels ne le font pas.

M. FABRETTI. Céder fur le premier point, c'eft abandonner l'autre. Un grand édifice peut en impofer par la grandeur de fa maffe ; mais un petit n'intéreffe que par les idées. Vos anciens hôtels font d'un afpect plus noble, & d'une diftribution plus grande, & l'on ne penfe rien aujourd'hui comme les hôtels Carnavalet, d'Aumont, Lambert, Bretonvilliers, &c.

M. REMI. Cette ancienne maniere seroit trop chere: on n'est pas assez riche aujourd'hui.

MILORD. On l'étoit moins autrefois, & on bâtissoit grandement à la ville & à la campagne. Les petites maisons sont ruineuses, mais point les palais. Tout cela tient aux mœurs. La petite société a banni la grande représentation, les petites maisons détruisent les hôtels, & les dépenses obscures les grandes fortunes.

M. REMI. On a renoncé volontiers à tous ces usages antiques. Les petits logements à plis de corps sont bien plus commodes. On a beaucoup de choses en très peu d'espace, & c'est là où le génie se montre. Quand d'ailleurs nos Architectes voient jour à placer une colomne, ou un pilastre, ils ne le négligent pas.

M. FABRETTI. Je trouve quelquefois sur mon chemin de ces colomnes bien absurdes, & il faut avoir bien envie d'en fourrer par tout.

M. REMI. Ils ne sont pas tous de la même force. Il ne faut parler que des habiles & nous en avons qui vous placent une colomne comme des anges. Monsieur le Do... par exemple, est bien le compére le plus inimitable.

M. FABRETTI. N'est-ce pas lui qui a fait l'hôtel Montmorancy?

M. REMI. Sûrement, il n'y a que lui qui ait de pareilles idées. Mais ses projets ne sont encore rien. C'est dans le feu de l'éxécution qu'il est le plus étonnant. C'est au milieu des charpentiers, serruriers, vitriers, menusiers, maçons, couvreurs, & carreleurs qu'il faut le voir & l'entendre : vous le prendriez pour le Dieu de l'Architecture.

M. FABRETTI. Il me semble que le Dieu ne s'est pas fort montré à cet hôtel.

M. REMI. La façade & la distribution ont bien trouvé des critiques ; mais y eut-il encore plus de défauts, il les a bien rachetés par l'heureuse invention de l'inscription de l'hôtel placée sur le toit.

M. FABRETTI. Il pouvoit la laisser sur la porte. Les deux grosses colomnes auroient pu aisément la porter, indépendamment de la lourde balustrade dont il les a chargé.

M. REMI. Oh pour la porte, c'est la partie honteuse ! Il n'avoit pas d'espace pour y faire un coup de génie comme à l'hôtel d'Uzes.

M. FABRETTI Quel est donc ce coup de génie ?

M. REMI. Le parti est tout neuf. Vous sçavez qu'on met quelquefois des trophées d'armes sur une porte pour la couronner. Point du toutes : il a imaginé d'en charger deux grosses colomnes, & puis vous a coëffé le tout d'une corniche. Voilà assurément une chose dont on ne s'étoit jamais avisé. (*d*)

M. FABRETTI. Et dont on ne s'avisera plus, à ce qu'il faut espérer.

M. REMI. Mais, Monseigneur, pour plaire, il faut bien innover.

M. FABRETTI. Il faut être neuf, & point bizarre. Il y a en tout des principes ; & une licence doit du moins produire une beauté.

M. REMI. Si ce sont des licences, c'est que sans doute, on les a éxigé.

M. FABRETTI. Ne croyez-pas qu'on lui ait de-

(*d*) Vitruve dit que les Architectes Grecs avoient pour maxime de ne rien faire dont ils ne pussent donner une bonne raison. Il paroit que Monsieur le Do... n'est pas Grec dans toutes ses productions.

mandé de grosses colomnes à foison, une inscription sur le toit, & les trophées d'armes sous la corniche. Un Artiste sage compose en raison du terrein & de l'objet. Les propriétaires sont plus attachés à la distribution qu'aux dehors. Une femme veut bien un cabinet de toillette & des bains; mais elle ne met pas la même valeur à des colomnes doriques ou corinthiennes & si absolument le maître prétend avoir du goût, & veut des ordres, on compose, & on tâche de s'en tirer avec quelques pilastres.

M. REMI. Si cet hôtel Montmorency vous déplait, un peu audessus vous avez admiré en revanche le temple de Mademoiselle Gui, pour lequel tous les Artistet se sont à l'envie épuisés.

M. FABRETTI. Monsieur le Do... s'est sans doute épuisé pour l'intérieur. Car le corps de logis sur la rue masque bien vilainement ce temple. Et puis ce péristile surmonté de cet espéce de soupirail, m'a paru une triste invention. Mais lui qui aime les statuës a négligé une belle occasion.

M. REMI. C'est ce qu'on lui a reproché. Il pouvoit mettre là un Apollon jouant de la harpe, le bon Plutus versant sa longue corne d'abondance & la déesse se pâmant en mesure. Il falloit par ces statuës honorer les talents.

MILORD. Il faut honorer les talents utiles. La danse efféminée ne fut jamais du nombre. Et sous le regne des Mœurs, on n'estimera que cette danse grave, & militaire à l'usage des Spartiates & des anciens Romains.

M. REMI. Tout le monde n'a pas de connetables à mettre sur son toit.

M. FABRETTI. Quand on en a, il faut les mieux placer.

MILORD.

MILORD. Ce n'eſt pas à eux ſeuls qu'on doit élever des ſtatuës. On en mérite pour défendre ſa patrie comme pour l'éclairer. Les ſtatuës des Sully, des Turennes, Deſcartes & Corneille peuvent également décorer les maiſons & les villes. Les Arts même ne ſont pas exclus ; les Grecs nous ont appris les honneurs qu'on doit leur rendre, & leur célébres Artiſtes étoient mis à côté de leurs généraux.

M. REMI. Les nôtres ſeroient trop fiers de ce parallêle. Il falloit que les Généraux de ce tems-là fuſſent bien peu de choſe, & ne valuſſent pas ceux du notre.

MILORD. Il eſt vrai que ce n'étoit que Themiſtocle, Périclés, & Miltiades.

M. REMI. Tout cela nous fait perdre de vue M. le Do... & je ſuis bien aiſe de vous dire avant de le quitter que ce n'eſt point encore par tout ceci qu'il faut le juger. Il faut le voir lorſqu'il a ſes coudées franches & que ſon génie eſt en liberté. C'eſt à Luſſienne où l'on va l'admirer.

M. FABRETTI. Ne nous parlez de Luſſienne que pour les ſculpteurs, doreurs, ſerruriers, ménuiſiers, & non pour autre choſe. Pour avoir un pavillon digne de cette belle poſition, il falloit y porter celui de Monſieur de la Boiſſiere. Voilà un modéle que Monſieur le Do. eut bien fait d'imiter.

M. REMI. Tout cela prouve la difficulté d'avoir de belles choſes. Vous voyez qu'on a beau donner carte blanche à ſon architecte....

M. FABRETTI. Mais pourquoi avoir ſon architecte ? Tout au plus on peut avoir ſon peintre, parce qu'un barbouillage eſt aiſé à effacer : mais les ſottiſes des architectes ſont plus ſolides. (*e*) Voilà juſtement la raiſon pour

(*e*) La nation eſt intereſſée elle-même au meilleurs choix des

désirer une exposition préliminaire. Un particulier proposeroit au concours sa maison, comme une ville un édifice public; l'art & les Artistes y gagneroient, parce que sans protection & sans intrigue, les vrais talens suffiroient pour être employés. Les plans adoptés & les meilleures idées se rectifieroient encore par les avis du public. On eut par exemple averti Monsieur le Cam. que sa halle aux bleds, quoique bien imaginée, étoit trop petite pour Paris, & les dégagemens trop reserrés même pour la province. Si jamais on fait un marché pour tout genre de comestibles, on pourra prévenir les architectes qu'il faut une place vaste & bien percée, des arcades, des canaux, des torrents d'eau pour laver.....

M. REMI. Mais, Monseigneur, vous n'y pensez pas. Vous croyez être à Rome avec toutes cette profusion d'eau. Où voulez-vous qu'on en prenne?

MILORD. Dans le Danube, morbleu, dans le Danube.

M. REMI. Le projet est vaste.

MILORD. On n'eut pas demandé où il faut en prendre dans le siécle où on joignoit les deux mers, & où l'on ordonnoit de creuser sur une haute montagne, jusqu'à ce qu'on trouva le feu ou l'eau.

M. FABRETTI. Ils en auront lorsqu'ils voudront. Quand même le niveau manqueroit de tout côté, avec des pompes on enléve toute une riviere de son lit, & on la fait couler en l'air. Ils ont tant de facilité avec leurs légions pour former des canaux, percer des montagnes, élever des aqueducs. Nos soldats Romains faisoient de tout cela, & gagnoient des batailles.

Architectes. De mauvais monumens sont deshonnorans pour le siécle. Il sera un exemple de mauvais goût pour la postérité, pendant qu'il pourroit lui servir de modéle, en fournissant par un concours les occasions de l'illustrer à des Artistes négligés.

M. REMI. Ces moyens pourroient être bons. Mais c'eſt trop en petit, & il me ſemble que le Danube où même le fleuve Saint Laurent....

MILORD. Lorſqu'il s'agit d'un barbouilleur, ou d'un maçon on peut rire, Monſieur Remi, mais quand il s'agit de la commune! Morbleu je n'aime pas la plaiſanterie. Voilà bien les François! une plate facétie leur fait perdre de vuë l'objet eſſentiel. N'importe après s'il ont un air infect à reſpirer, & l'égout d'un hôpital à boire.

M. REMI. Les gens comme il faut ont de l'eau de ville d'Havrey.

MILORD. By God! les cordonniers chez nous ſont des gens comme il faut.

M. REMI. Bientôt l'eau ſera bonne pour tout le monde: quand l'Hôtel-Dieu ne ſera plus au même endroit.

MILORD. Il y ſera toujours. Ce qu'on n'a pas fait ſur le champ ne ſe fera plus, & la pauvre humanité continuera de perir dans les lieux deſtinés à la ſoulager.

M. FABRETTI. On eſpére cependant, & tout Paris dans le moment de l'incendie montra tant d'enthouſiaſme.

MILORD. En montre-t'on beaucoup aujourd'hui? les mêmes cauſes éxiſtent toujours, & on laiſſe tranquillement ſe préparer pour dans quelques années un nouveau deſaſtre. On n'a ici que cette ſenſibilité de théatre auſſi paſſagére que l'action qui la fait naître. Le feu une fois éteint, les cris ceſſés, les malheureux ſouffrans rentrez dans leur charnier, le ſpectacle fut fini, & le ſentiment avec lui. Le triſte ſouvenir s'en eſt perdu pour n'avoir pas même le ſort de ces vaines hiſtoires qu'on ſe rappelle quelquefois. (*f*)

(*f*) C'eſt une obſervation très journaliere. Plus une choſe eſt

M. REMI. Il nous faudroit des ames fortement populaires & publiques comme celle de Milord.

M. FABRETTI. Assez de gens voyent les abus, mais il faut les sentir comme lui pour les réformer.

M. REMI. De pareils citoyens s'animeroient vraiment pour de grands interêts puisqu'ils ne sont indifferens sur rien, & qu'ils mettent de la chaleur comme vous avez vu jusques dans les arts, les miséres, & les petites choses.

MILORD. Rien n'est petit dans l'ordre public. Est-ce qu'une ame citoyenne s'enthousiasmeroit pour du marbre & des couleurs sans leur influence sur les mœurs. C'est à elles que la Gréce rapportoit tous les Arts dont elle faisoit les ressorts de sa politique, & une corde ajoutée à la Lyre y fit craindre une révolution. Une fois sa liberté perdue, le droit de tout changer & de tout mépriser devint le charme de la servitude. Tout sert à l'histoire des siécles : le temps des grandes passions, fut celui des grands hommes. Votre nation n'a maintenant que des goûts, aussi petits que les ames qui ne sont plus ni assez vastes, ni assez nobles pour les grandes choses, pour les grandes vertus, comme pour les grands vices.

Selon un ancien sage, les Artistes forment les mœurs plus sûrement & briévement que les philosophes. Les statues des héros, la répréséntation d'une belle action, d'un acte de vertu enflammoient le grand Scipion. (*g*)

frivole, & plaisante & plus on a le droit de la conter souvent avec tous ces détails ; Mais un événement triste, & touchant est une idée qu'on fuit avec soin, & dans la plus part des têtes, un bal, une réjouissance font époque, & jamais une calamité.

(*g*) Qu'on se représente le vertueux Romain au milieu de nos cabinets, & qu'on se peigne sa grande ame, à la vue des courtauds Flamands buvant de la bierre, & de toutes les ordures des le Pr... Frago... & la Gre... Nos Scipions ont sans doute d'autres moyens de s'enflammer pour la vertu.

Mais on n'a plus d'organes pour ſentir de pareilles leçons. On ſe défait même dans tous les ordres de cette pénible vénération pour ſes peres ; tout comme à la chute de l'empire Romain, vos Artiſtes mépriſent ce qu'ils ne peuvent atteindre. Si les anciens avoient une valeur, eux n'en auroient pas, & ils croyent s'ajoûter tout ce qu'ils s'efforcent de leur ôter.

Séneque voyant que les admirateurs du ſiécle d'Auguſte ne pouvoient être les ſiens, ſe mit à les décrier. Vos fameux génies du dernier ſiécle que vous pourriez hardiment oppoſer à l'antiquité, ne ſont plus rien pour vous. Votre (*h*) Sophocle & votre Euripide ſont publiquement dépoſſédés du premier rang & l'Académie n'a pas élevé ſa voix pour flétrir ſolemnellement la vile adulation, ou éclairer le mauvais goût.

(*i*) Moliere, car c'eſt de ſon nom dont il faut l'appeller, perſonne dans l'antiquité ne pouvant lui donner le ſien, Moliere n'eſt plus joué ſur vos théâtres. Enfin tous les ſtiles & tous les tons ſont changés. Rien ne coule plus naturellement des ames, tout eſt un pénible effort de l'eſprit. Le choc des mots & des idées eſt devenu (*k*) votre ſublime, & le plus froid enthouſiaſme a ſuccédé au noble feu du génie.

(*h*) Monſieur de Saint La... a trouvé la choſe ſi claire qu'il l'a énoncé ſimplement comme un principe. Dans les lettres comme dans les mœurs, il y a des dogmes reſpectables & les corps qui ſe prétendent les deffenſeurs du goût, devroient ſevir ſur-tout contre leurs membres qui s'en écartent.

(*i*) Si cet éloge paroît outré, qu'on obſerve que pour le balancier on n'a que les ouvrages perdus de Menandre, ſa réputation n'eſt que ſur la foi des Auteurs, & les titres n'en éxiſtent plus.

(*k*) Le ſublime Boſſuet a trouvé auſſi zoiles. Mais ſes admirateurs ont lû avec grand plaiſir ſon article dans *l'éſſai ſur les éloges.* Et quand l'égliſe Gallicane remplira ſes devoirs envers cet immortel Evêque, en élevant ſa ſtatuë au milieu de ſes aſſemblées, pour les préſider & les inſpirer, l'Inſcription eſt toute prête, & pour louer Boſſuet Monſieur Thom... a pris ſon ſtile.

Ces illuſtres Citoyens, nés pour gouverner les hommes ou pour les défendre, n'étoient, à ce qu'on dit, bons tout au plus que pour leurs ſiécles. L'Hopital, Sully, d'Oſſat & Jeannin boulverſeroient maintenant un empire; *(l)* Turenne & Condé perdroient aujourd'hui toutes leurs batailles.

Pour nous, pour notre nation ſi fertile en grands hommes, nous ne ſommes plus, il eſt vrai, dans le ſiécle des *Skakeſpear*, des *Milton*, des *Clarendon*, des *Sydney* & des *Malbouroug*; mais notre admiration pour eux s'augmente encore à meſure que la nature s'épuiſe. Nous conſervons par-là le ſeul moyen de nous rapprocher d'eux. L'opprobre public flétriroit à jamais de lâches détracteurs de leur gloire, & nous allons toujours évoquer leurs génies ſur leurs tombes.

(*l*) Les modernes Tacticiens avec leur méchanique, traittent légérement ces Heros, comme ſi leurs génies ne ſe fuſſent pas bientôt montés à tout ce qu'ils savent et n'eussent pas toujours eu ce qu'ils ne sauront jamais.

FIN.

AVIS DE L'ÉDITEUR.

CEs Dialogues ſont détachés d'une nombreuſe collection. Comme on a été à même de ſuivre les ſéances de ces étrangers dans nos académies, théâtres, bibliotéques, cercles, &c. on a leur cours complet d'obſervations en France. L'accueil que le public fera à ces premieres, décidera ſi on doit leur donner une ſuite, qu'on ne négligera jamais d'enrichir de notes pour la plus ample intelligence du texte. On a cru devoir commencer par la Peinture, vu l'extrême péril où elle eſt en France; il étoit inſtant d'arriver à ſon ſécours.

OMISSIONS.

PAGE 105 *ligne* 15, *après ces mots*, qui étoit son seul talent, *ajoutez*.

M. FABRETTI. Pour de pareils maîtres, moins les choses sont finies, mieux elles valent. Dans un dessein, &c.

Page 105, *ligne* 20, *après*, y avoit-il quelque chose à remarquer, *lisez en note*,

Note. Quelques personnes distinguant deux époques dans le coloris de Monsieur Boucher, prétendent que ce n'est que de la derniere dont il faut dire du mal. Pour être vrai il faut en dire des deux. Sa premiere couleur, quoiqu'imitée de Watteau & de le Moine, étoit cependant fausse, comme il arrive toujours quand on se maniere d'après des tableaux & qu'on ne colorie pas d'après nature.

Page 142, *ligne* 7, *après ces mots*, malgré sa sale d'opera, *ajoutez*, à cause de sa petite maison Chavannes.

www.ingramcontent.com/pod-product-compliance
Ingram Content Group UK Ltd.
Pitfield, Milton Keynes, MK11 3LW, UK
UKHW012036240726
13965UKWH00003B/837

9 782013 051538